ANDRÉ MAUREL

○ ○ ○

PETITES
VILLES D'ITALIE

I

TOSCANE — VÉNÉTIE

SAN GIMIGNANO — MONTE OLIVETO — PISE — LUCQUES
PISTOIA — PRATO — AREZZO — BERGAME — BRESCIA
VÉRONE — VICENCE — PADOUE — MANTOUE — ARQUA
ETC., ETC.

Ouvrage couronné par l'Académie française

PARIS
LIBRAIRIE HACHETTE ET Cie

79, BOULEVARD SAINT-GERMAIN, 79
1910

3 fr. 50

PETITES VILLES D'ITALIE

I

ANDRÉ MAUREL

○ ○ ○

PETITES
VILLES D'ITALIE

I

TOSCANE — VÉNÉTIE

SAN GIMIGNANO — MONTE OLIVETO — PISE — LUCQUES
PISTOIA — PRATO — AREZZO — BERGAME — BRESCIA
VÉRONE — VICENCE — PADOUE — MANTOUE — ARQUA
ETC., ETC.

SEPTIÈME ÉDITION

PARIS
LIBRAIRIE HACHETTE ET Cⁱᵉ
79, BOULEVARD SAINT-GERMAIN, 79
1910

LETTRE-PRÉFACE

DE M. GUGLIELMO FERRERO

A MONSIEUR ANDRÉ MAUREL

Turin, 10 avril 1906.

Mon cher ami,

*Je vous envoie mes plus chaleureuses félici-
tations pour votre beau livre Petites villes
d'Italie, qui a été pour moi la source de
jouissances particulièrement exquises. J'en
ai commencé la lecture à Paris, au milieu
des grandes fêtes que l'amabilité française
m'avait préparées. Vous ne pouvez imaginer
quel plaisir j'avais, en rentrant à l'hôtel, le
soir, très content, très ému, très fatigué,
l'esprit plein des innombrables et agréables*

impressions de la journée, à lire quelques chapitres de la première partie de votre livre, celle où vous décrivez avec de si vives couleurs la Toscane ! Dans ma petite chambre, au milieu du grand édifice silencieux, vous évoquiez soudain, par vos phrases incisives et pittoresques, les beaux paysages et les grands monuments au milieu desquels s'est déroulée ma première jeunesse. Vous me reportiez tout à coup, de la vie intense de l'immense métropole, aux jours déjà lointains où mon esprit s'est formé, où mon père vénéré, dans cette belle et douce Toscane, veillait, avec son immense amour, sur mon développement intellectuel et moral.

Vous ne pouvez pas vous imaginer quels doux souvenirs vous avez réveillés dans mon esprit ! La lecture de votre livre a été pour moi un des charmes de Paris.

Mais il n'est pas besoin d'avoir été élevé en Toscane pour jouir de votre travail. J'ai achevé de le lire à Turin. L'intérêt augmente, au fur et à mesure qu'on avance. Ces impressions de voyage, en apparence détachées, composées d'éléments si divers, se fondent dans un tableau grand et unique. Vous y avez mêlé des souvenirs historiques à des impressions d'art, à de belles descriptions de paysages, à des théories hilosophiques et sociales.

Comme historien, je serais tenté de vous chercher querelle sur plusieurs points, et je dois faire des réserves sur certaines théories un peu trop hardies. Mais comme Italien et comme homme de lettres, je ne peux que me féliciter avec vous de l'habileté avec laquelle vous avez fondu en un tout vivant les éléments si divers dont se compose votre étude, l'art et l'histoire, la description et la philosophie. Je connais peu de livres sur l'Italie aussi intéressants que le vôtre.

J'ai lu avec une attention particulière le dernier chapitre, cette philosophie de l'histoire italienne que vous suggère le tombeau de Pétrarque. Vous avez, à mon avis, en partie raison, en partie tort.

Vous vous placez, pour envisager la situation de l'Italie, au point de vue fédéraliste, si cher à Joseph Ferrari, notre grand historien. Il est certain que l'Italie, par sa configuration géographique, par sa composition ethnographique, par son histoire, répugne bien plus que beaucoup d'autres pays européens à un régime centralisateur et unitaire. Sa forme allongée, la chaîne des Apennins qui la coupe en deux parties se prêtent mal aux exigences d'un grand État moderne dont les chemins de fer sont les nerfs. La civilisation moderne a besoin, surtout, de pays à forme ronde et avec peu de montagnes, où l'on puisse facilement établir des voies ferrées. En outre, toute l'histoire de l'Italie démontre qu'il a toujours été impossible de faire marcher ensemble, sur le chemin du progrès, l'Italie du nord et l'Italie du sud. Quand l'une progresse, l'autre est en décadence. Ce sont les deux plateaux d'une balance : l'un monte et l'autre descend. La vallée du Pô fait partie du système de l'Europe centrale ; l'Italie du sud est le commencement de l'Orient. Naples est une ville asiatique, le péristyle de l'Orient, la sœur de Constantinople. On veut en faire maintenant une ville industrielle. Quelle utopie !

Si vous considérez cet état de choses, vous

avez, à un point de vue philosophique, raison d'être fédéraliste.

Ces difficultés expliquent pourquoi il a été pour l'Italie si pénible de se constituer en État unitaire, avec une capitale unique. Elles vous expliquent aussi pourquoi la vie du nouveau règne a été si orageuse.

On n'apprécie pas toujours au juste à l'étranger ces difficultés, et on est à cause de cela souvent trop sévère pour nos erreurs et pour nos défauts. Oui, nous avons commis des erreurs très graves, et nous avons de bien grands défauts ; mais il ne faut jamais oublier que la civilisation moderne a trouvé dans notre pays des obstacles à son développement beaucoup plus nombreux que dans tous les pays de l'Europe continentale.

Vous avez cependant tort, lorsque vous croyez que le régime fédéraliste puisse dans un avenir peu éloigné se substituer au régime unitaire. Je ne le crois pas.

Même si la monarchie devait tomber un jour, la république italienne serait une république centralisée. Malgré tous les inconvénients dont il est la cause, le régime centra-

lisateur sera nécessaire tant que la période de l'histoire de la civilisation où nous vivons ne sera pas passée.

Toute la vie économique, intellectuelle, morale de l'Italie est, depuis quarante ans, liée étroitement à la centralisation. Pour en changer, il faudrait un bouleversement général, comparable — et même plus grand que lui — à celui que la Révolution française a produit chez vous. Or, les nations ne se résignent à subir ces bouleversements que lorsqu'il leur est absolument impossible de vivre sous le gouvernement précédent.

Tel n'est pas le cas de l'Italie contemporaine. Ne vous laissez pas impressionner par les récriminations si fréquentes et si vives contre la monarchie actuelle, et que vous avez sans doute écoutées au cours de vos voyages en Italie.

On se plaint beaucoup du régime présent, dans toutes les classes, justement parce qu'il a beaucoup de défauts. Mais au fond, le pays se rend compte de cette vérité qu'un esprit habitué à étudier la vie des nations voit avec lucidité : il ne serait possible de changer de *régime qu'à la condition de détruire l'édifice social jusqu'aux fondements et de le refaire entièrement.*

Aussi, l'Italie, n'ayant aucune envie de se lancer dans une pareille aventure, s'adapte après s'être beaucoup plainte, et cherche à améliorer, autant qu'elle le peut, le gouvernement sous lequel les conditions de la civilisation contemporaine l'obligent à vivre.

Sans doute, un jour, cette organisation politique et sociale disparaîtra. Rien n'est éternel dans le monde. Ce jour me paraît encore lointain. Ni vous ni moi ne le verrons, au moins si la paix dure en Europe. Seules, de grandes guerres comme celles qui ont été provoquées par la Révolution française, pourraient faire chanceler sur ses fondements la politique fondée par la dynastie piémontaise en 1859. Ce qui vous explique pourquoi l'Italie est pacifiste.

Je vous renouvelle mes félicitations et je vous prie de me croire votre dévoué,

GUGLIELMO FERRERO.

PETITES
VILLES D'ITALIE

TOSCANE

A mon frère Henry.

I

LE CESTE

Florence.

Depuis Charles VIII, la découverte de l'Italie a été un peu la manie française. Et, prodige ! cette manie fut toujours supportable. L'Italie est si riche qu'on s'y promènera long-temps encore, y rencontrant au moins des sensations nouvelles.

A ce domaine des sensations n'est-il donc pas de limites ? Peut-on sérieusement espérer,

en dehors de la critique d'art dont l'ingéniosité
est sans fin, peut-on espérer, après Stendhal,
bien vieux déjà, mais de tant de prestige, après
Taine, après M. Paul Bourget, sans parler des
voyageurs du xviii° siècle, innombrables,
rencontrer une sensation que ces esprits si
divers n'aient éprouvée ou exprimée ?

Les émotions littéraires et artistiques diffèrent selon les individus et elles diffèrent encore
bien plus selon les époques. Il est des sentiments qui ne pouvaient naître que dans telle
génération, tel jour même de telle année.

Croit-on, par exemple, que pour le voyageur
de 1903 en Italie, les événements politiques
qui ont bouleversé la France depuis cinq ans
et ceux qui se préparent, aussi graves et aussi
fertiles, n'éclairent pas le passé — tandis que
celui-ci illumine notre avenir ? Nous avons eu
et nous aurons, nous aussi, nos Guelfes et nos
Gibelins, nationalistes et révolutionnaires. Or,
ces factions d'autrefois, si nous les comprîmes
scientifiquement, restèrent toujours un peu
en dehors de notre cœur. On ne les sentait
pas. Aucun des écrivains d'hier n'a abordé le
Palazzo Vecchio, et n'a regardé le Marzocco

avec l'expérience de ces dernières années. Comme elles frémissent aujourd'hui ces pierres du Ponte Vecchio, lorsque je projette, sur l'âme de ceux qui le construisirent et rugirent au meurtre sur ses parapets, le reflet de ma propre lumière ! Quelle leçon vais-je tirer de ces discordes passées pour nos querelles de demain ?

Ces idées fugitives d'un moment unique, j'espère les saisir au vol en prenant mes notes Les événements français et italiens récents donnent à mon voyage une actualité saisissante. C'est un voyage d'art que je viens faire et voici qu'à mon premier pas sur cette terre sacrée, le souci historique et social s'empare de moi. Lorsque, pour ma première matinée florentine, j'ai eu visité le Dôme, le Baptistère, Or San Michele et le Palazzo Vecchio, après m'être grisé de noblesse et de splendeur, je n'ai eu qu'une pensée : quel était ce peuple qui, en un temps aussi court, presque à la fois, enfanta tant de merveilles? Et les souvenirs historiques se mêlaient en mon esprit aux sensations d'art, inséparables. Qui donc, d'ailleurs, pourrait se flatter de bien analyser

les secondes sans le secours des premiers ?
Et qui se refuserait à hausser celles-ci par
la signification philosophique que peuvent
seuls apporter ceux-là ? Ma route aura deux
jalons, l'art et l'histoire. Tous deux aboutiront
au même point et m'y conduiront sûrement.
Et, ce voyage, je le nommerais : *voyage artistique et sociologique en Italie,* si ce n'était
abuser du droit qu'a tout voyageur de découvrir le monde à chaque pas.

***

Par une superfétation inexcusable irai-je,
a ce tort, ajouter le ridicule ? Étudions Florence mais gardons-nous de vouloir la révéler.
La voir rend prudent. Lorsqu'on pénètre dans
Florence et dans son histoire, on s'aperçoit
bientôt que de longs jours, toute l'existence,
ne suffiraient pas à dévoiler les beautés, à
dénombrer les phases. Quelle faute, au contraire, si l'on veut tirer des heures rapides
d'un voyage une sensation nette et générale,
ce serait de sacrifier tous ses instants au centre

seul, à l'astre ! Si l'on aspire à comprendre Florence, à ne pas en sortir avec un seul éblouissement artistique et à la quitter en emportant un enseignement, il faut, selon l'exemple qu'elle donna, rayonner dans sa sphère.

La ville de Fiorino, qui fut la seconde, par ordre de dates, de cette admirable trinité dont Athènes et Paris sont les deux autres termes, ne peut se séparer des villes voisines qu'elle combattit et absorba, auxquelles elle imposa ses mœurs et ses lois, et dont les résistances tragiques fournirent les plus belles pages du Grand Livre florentin. Entre un matin à la Chapelle des Médicis et une après-midi à Santa Maria Novella, quoi donc nous initiera mieux à la puissance de la patrie de Machiavel, qu'un séjour de quelques heures à Lucques, Pise, Pistoia, Prato et Arezzo ? Lorsque vous aurez regardé les murailles et la paradoxale tour du Palazzo Vecchio, si vous ignorez les rivales qui suscitaient les colères du Marzocco assis fièrement, patte levée, devant la porte qu'il défend, qu'espérez-vous donc comprendre à tant de colères ? Vous connaîtrez les effets, non les causes. Et si Lucques et Pistoia furent prises et reprises vingt fois par leur terrible voisine, quoi donc éveillera votre passion, si vous ne pouvez comprendre le pourquoi de ces résistances et de cet acharnement? Il ne me suffit pas de savoir que Florence fut impitoyable. Je veux savoir aussi à quelle loi elle répondait en l'étant. Et puisque l'éclat de sa civilisation ne peut être que le résultat de son développement politique et social, je veux savoir, en fin de compte, pourquoi ce fut elle qui se développa et non Pise, ou Lucques, ou Arezzo qui promettaient tant.

Interrogeons les murs des cités voisines, les pierres du chemin et la campagne environnante. Ils nous répondront éloquemment.

Et lorsque nous aurons consigné, en ce procès-verbal, les résultats de notre enquête et de nos visions, nous serons bien sûrs alors de mieux connaître, en dépit des rues, ou palais, ou trésors négligés, la ville incomparable dans toutes ses expressions de vie : art, politique et société.

Comme Vénus, Florence est ornée d'une ceinture où sont brodées toutes ses joies et

toutes ses douleurs. Qui dénouait le ceste
n'avait plus rien à connaître de la déesse, il
n'avait plus qu'à s'en repaître. Emparons-nous
de la ceinture de Florence, afin d'en jouir.

II

LA CITTA DOLENTE

San Gimignano,

C'est ici la ville de Dante.

A Florence, je n'ai pas rencontré, sauf peut-être sur la Piazza della Signoria — et il a passé si vite ! — l'homme au capuchon rouge. Comment un cœur aussi triste a-t-il pu naître dans cette ville de grâce et d'amour ? Tandis que Giotto, les peintres de Santa Croce et de la chapelle des Espagnols sont en harmonie avec la ville des fleurs et sa campagne voluptueuse, je ne m'imagine que difficilement le poète de l'Enfer montant à San Miniato afin de jouir du jour déclinant : il en eût rapporté une joie ineffaçable.

La Florence d'aujourd'hui, qui n'a plus que deux tours, celle du Palazzo Vecchio et celle du Bargello, sur les trois cents qu'elle possédait au temps de Dante, n'est plus la Florence d'autrefois. Les rues, élargies, ne sont plus barrées de chaînes, et là où fut le Mercato Vecchio, où battit furieusement l'émeute au cœur des Florentins, s'élève la statue d'un gros homme, bas sur pattes, aux moustaches ridicules. Et dans l'air léger le dôme de Brunellesco est seul à résumer la vénusté de la ville adorable.

De la Florence d'Arnolfo il ne subsiste que quelques palais. Ce ne peut être de la terrasse de San Miniato que j'apercevrai les jardins tragiques de l'Enfer. Et moins encore que ses rues étroites, le paysage de cette ville mollement couchée au bord du fleuve, à l'horizon de douceur et de charme, me fera comprendre la rudesse de son enfant.

Et pourtant elle l'enfanta ; bien mieux, elle enfanta les épouvantables discordes qu'il a chantées. Il ne fut pas un monstre. Il fut au contraire le fruit sublime et logique de son siècle.

Ce que Florence ne peut me dire, je suis venu le demander ici. Y trouverai-je la réponse à cette question : Comment, au siècle de Giotto, au moment où Boccace se prépare, où la fleur divine du Quattrocentisme s'annonce, comment Dante a-t-il pu naître ?

*
* *

San Gimignano est situé sur la route d'Empoli à Sienne, dominant le délicieux val d'Elsa. Le paysage est ici plus frais et plus uni qu'ailleurs. Il est plus semblable à nos paisibles vallées. Qui croirait jamais, à voir ces délicates et fines collines, si molles et si nonchalantes, que le val d'Elsa fut pendant des siècles le théâtre des luttes les plus sanglantes ? C'est ici que Florence et Sienne, plus de cent fois, s'entre-choquèrent. C'est ici le grand chemin de Rome à l'Arno, du Rhin au Tibre. Le val d'Elsa vit passer toutes les armées impériales, royales et mercenaires. Le doux val d'Elsa est une terre largement arrosée de sang.

Dès le moment où l'on quitte la vallée proprement dite pour s'enfoncer à l'ouest vers San Gimignano, c'est un nouvel enchantement. Peu à peu on monte de colline en colline, dans un

enchevêtrement prodigieux de montagnes avenantes. Comme les nuages dans le ciel, les
coteaux se pressent, mêlés et pénétrants. Ils
se coupent, s'entassent et s'accumulent. Ils
semblent grimper les uns sur le dos des autres,
en une bousculade de géants. On dirait, en
miniature, tout un pays, toute une contrée, la
France entière, avec ses bassins et ses Alpes :
Dieu regardant le monde du haut de son paradis.

Et sur toutes ces collines et monticules, le
long de ces dévalements rapides, dans ces mi-
nuscules vallées, au pied, à la crête de ces
rochers, sur les coteaux comme sur les pics,
dans le gouffre comme au bord du ruisseau,
en pente, en terrain plat, en précipice, sur les
sommets, l'olivier et la vigne poussent et
grandissent, envahissent tout de leur feuillage
argenté et de leurs festons. Là-haut, tout
là-haut, à l'horizon, les Chianti étalent leur
imposante masse, féconde et superbe; jusqu'ici
ils ont envoyé leurs rejetons et leurs ceps.

La montée vers San Gimignano, dans le petit *vetturino*, léger et geignant, est dès lors
un ravissement. A mesure qu'on s'élève, toutes

ces montagnes et tous ces coteaux qui s'é-
crasent et se bousculent, semblent s'apaiser
et se tasser. Ainsi la tempête vue d'une
falaise. Plus on est haut, moins les vagues
s'agitent. Peu à peu, chacune fait son nid et
s'endort. Il n'y a, dans l'élargissement pro-
gressif de l'horizon, que viennent seuls barrer,
mais si doucement, si paternellement, les
Chianti, il n'y a, sur cette mer brune de
collines, que la paix et la douceur de l'olivier. L'argent de son feuillage frémit et frou-
froute comme la soie floche et la dentelle.
Les festons de vignes se balancent lentement
d'un *pioppo* à l'autre, comme des bras d'enfants qui vont danser leur ronde. Et ce n'est
bientôt que l'immensité verdoyante, à perte
de vue, dans une mer de vagues si douces
et si riantes. Tout est vert. On ne voit pas un
sillon. La terre est riche ici et le même champ
féconde l'olivier, la vigne et le froment, à la
fois. Dès lors, les petits arbres, bas et trapus,
ne se profilent pas dans le ciel ; ils s'étalent
sur le blé vert, se confondent avec lui et,
seules, les routes blanches sillonnent cette
verdure ondulée. Là-bas, vers le Nord, les

Apennins dessinent la sévère bande de leur neige nuageuse.

Tout à coup, à un tournant, San Gimignano apparaît, au sommet d'une colline isolée, la plus haute à dix lieues à la ronde. Les pentes sont couvertes d'oliviers et forment ainsi le socle de velours vert argenté de cette couronne. Car c'est bien une couronne que paraît cette ville dont les treize tours sont les pointes emperlées. Sombres et roux, les remparts ne s'égaient pas sous le soleil radieux qui les inonde. Ils restent majestueux, comme ces rois déchus qui conservent l'appareil d'autrefois. San Gimignano se sent trop regardé, est trop en vue, pour sourire.

Longuement, la route serpente autour des remparts, comme si elle cherchait à entrer par surprise. Elle pénètre enfin, dans un tournant, et c'est l'ascension par une rue étroite, aux larges dalles.

En haut de cette rue, la place de la Collégiale. Petite place, mais si poignante encore avec ses trois monuments, l'église au haut de marches majestueuses, le palais municipal et le palais du podestat, poignante dans ce qu'elle nous dit de l'âpreté des jours défunts que les vieilles tours inutiles semblent regretter encore.

Tout de suite, j'ai voulu monter au palais public. Dans toutes ces villes-italiennes, la première visite doit être pour ce cœur de la cité. Lorsque la vie municipale fut aussi intense qu'elle le fut en cette Toscane ardente, c'est dans les salles des municipes que l'on entend les battements de la poitrine. Pauvre palais délabré et triste ! Mais combien digne encore, dans ses guenilles ! Une fresque de Lippo Memmi préside solennellement aujourd'hui aux délibérations sur les octrois ou les prestations, elle qui entendit les tragiques paroles qui décidaient si l'on se donnerait à Sienne ou à Florence.

Il ne faut pas en sourire ; ceux d'aujourd'hui ont l'âme aussi noble que l'avaient leurs ancêtres et ils fournissent, dans cette grande salle vénérable, où la majesté de leurs bancs, leur souci de la rude et puissante fresque de Memmi, indiquent assez leurs scrupules, ils fournissent une éloquente leçon par une simple inscription qu'ils ont dressée.

La paresse du moment m'a empêché de copier ce marbre. Qu'il est digne pourtant de franchir les Alpes ! Mais qu'importe son texte ! Ce qu'il dit est si simple et si beau ! Écoutez le bel enseignement que les descendants des temps héroïques nous transmettent, dans ce municipe, par cette table où il est écrit :

« *En cette salle, Dante, envoyé par la République de Florence, prit la parole...* »

Cela suffit. Ainsi donc, cette ville fut considérable et puissante. Florence, la grande Florence, négocia avec elle. Et elle ne dédaigna pas, pour traiter avec cette rivale, de lui envoyer le plus noble et le plus éloquent de ses enfants. « Vous tous qui venez ici, — voilà ce que dit cette inscription, — saluez avec respect. Non seulement ces murs conservent l'écho de la voix de Dante, mais ce palais fut celui d'une cité qui fut assez forte, intelligente et riche, pour que Florence lui dépêchât le plus habile de ses avocats. Avec un tel passé on ne peut déchoir et on mérite l'éternel hommage des nations. »

Quand on garde une telle fierté : *Ici Dante prit la parole...* on n'est pas près de périr, et c'est avec humilité et vénération que je passerai tout à l'heure dans les pauvres rues silencieuses, comme dans les corridors déserts d'un vieux château inhabité, mais dont chaque porte ferme la chambre où mourut un héros.

Je n'ai pas feuilleté les manuscrits de la bibliothèque communale. Leur trésor doit être immense qui ressusciterait la ville d'autrefois. Mais ne peut-on procéder à cette renaissance, avec les notions élémentaires? Hélas! partout, en Italie, ce fut la même pitoyable aventure. Les Guelfes et les Gibelins, comprenant différemment la grandeur de leur patrie, la tuèrent à force de se la disputer. Mais la lutte fut longue et, par moments, las de frapper leur pauvre mère, ils se reposent en couvrant son sein meurtri de draps d'or et de pierres précieuses. Toute l'histoire des cités est dans ces quelques mots. Lisez, en ces dix lignes, celle de San Gimignano.

Au xiiie siècle, elle fut libre. Mais, se trouvant sur la route de Sienne à Florence, elle ne pouvait échapper aux discordes qui ensanglantaient la plaine répandue à ses pieds. Florence et Sienne eurent chacune leurs partisans dans ses murs. Ouvrirait-on les portes à ceux du Nord ou à ceux du Sud? San Gimignano eut ses Guelfes et ses Gibelins. Les Ardinghelli tinrent pour Florence, les Salvucci pour Sienne. Et au dedans des murs, comme dans la campagne, les partis se firent la guerre, toutes les guerres. La guerre par les armes dressa au-dessus de la ville cinquante tours guelfes ou gibelines, d'où l'on se défiait, de maison à maison, d'où l'on se criblait d'engins meurtriers.

Le parti guelfe enfin l'emporta et San Gimignano fut soumise à Florence, en 1353. Mais on ne renonça point pour cela aux rivalités. La guerre pacifique commença; on se battit à coups de chefs-d'œuvre.

A qui devons-nous les Benozzo Gozzoli de San Agostino, les Ghirlandajo de la Collégiale? Sont-ce les Ardinghelli qui appellèrent l'élève d'Angelico? Sont-ce les Salvucci qui s'attachèrent le peintre de Santa Maria Novella? Les archives de la bibliothèque nous le diraient sans doute et ce serait un bien curieux travail historique que celui qui nous apprendrait à quel parti est due telle ou telle œuvre, dans toutes les villes toscanes.

Chaque cité, ou chaque parti, ou chaque famille tenait à montrer sa suprématie, sa richesse ; à prouver que son faste ou sa piété étaient sans secondes. Que l'un, par vanité, politique ou dévotion, résolût d'offrir à Dieu une chapelle ornée, l'autre aussitôt, jaloux ou intéressé, ou simplement émule, en décorait une à son tour. De là ces innombrables chapelles dans toutes les églises, couvertes de chefs-d'œuvre, que la vanité humaine nous a légués. Nous n'avons plus Guelfes ni Gibelins, mais ne voyons-nous point, de nos jours, les mêmes sentiments et les mêmes effets ? Madame la receveuse de l'enregistrement ayant donné un ciboire à Monsieur le curé, la femme du percepteur n'aura de cesse qu'elle n'ait offert un ostensoir.

Un jour les Ardinghelli — ou les Salvucci — voulurent prouver qu'ils étaient les plus grands, les plus riches et que, si les armes étaient déposées, leur grandeur subsistait toujours. Et la Collégiale fut couverte de fresques immenses, sur tous ses murs. Du haut en bas, de chaque côté, deux peintres siennois enluminèrent les froides murailles. A droite le

Barna raconte la vie de Jésus, à gauche Bartolo di Fredi réalise l'Ancien Testament.

Les Salvucci — ou les Ardinghelli — supportèrent bravement l'affront. Et, un beau matin, appelé par eux, Benozzo Gozzoli entrait dans San Gimagnano. Mystérieusement caché dans la chapelle du chœur, à San Agostino, il travaillait du matin au soir pour la plus grande gloire de la famille. Et lorsqu'il eut terminé, les donateurs exultèrent. La Collégiale avait toutes ses murailles couvertes ; la belle avance l Benozzo n'avait peint qu'une chapelle, mais c'était une merveille. Ses rivaux étaient éclipsés : San Agostino possédait le sceptre de l'art.

Avant de venir ici, j'ai déjà vu bien des fresques ; aucune ne m'a encore donné une émotion aussi profonde, aussi durable. Que Gozzoli soit, selon les critiques, un peintre facile et impersonnel, qu'il soit de peu de foi, que m'importe l Saint Augustin, dans cette chapelle, lui prête son génie. Que ceux qui reprochent à la fresque du palais Ricciardi trop de richesse décorative, de la froideur et un souci de plaire, viennent à San Gimignano. Ils verront ce que l'intelligence unie au plus délicat métier peut obtenir. Augustin, l'homme douloureux, le cerveau puissant et tourmenté, ce docteur qui a bu à toutes les coupes de ce monde voluptueux et vain, qui est allé au fond des choses et en est revenu l'amertume indélébile au cœur et sur les lèvres, l'Augustin des *Confessions*, le voilà devant moi.

C'est sous ces traits-là que je le verrai toujours. Benozzo a mis sur ce visage tout le désespoir, tout le calvaire moral du grand saint. Ah ! qu'il dut souffrir, ce bouillant génie ! Et, aussi, comme il dut jouir intensément de la vie, dont il respira tous les parfums !

Je suis bien sûr, devant ces fresques, que Gozzoli fut un grand artiste. Un grand peintre, je n'en ai souci. Ce fut une âme d'élite, qui comprit son héros et qui, malgré les travaux des siècles écoulés, nous en donne encore l'image la plus intense, la plus pénétrante, la plus intelligente, la plus juste.

Le coup était rude pour la famille rivale, celle qui avait fait peindre la Collégiale. Elle se raidit et riposta. Ghirlandajo vint. Dans la chapelle Santa Fina, Domenico di Tom-

maso Bigordi a atteint le suprême de son art.
D'autres ont dit la beauté de ces deux fresques, leur coloris si fin, leur composition si
claire, leur pureté de goût, leur noblesse

Pour moi qui ne cherche pas, sur les murailles toscanes, à décomposer l'art des peintres, à en scruter les origines et la nature,
non plus que les rapports, l'invention ou le
métier, je reste confondu devant la mort de
cette sainte, dans cet appareil pieux, d'une
réalité saisissante, d'une compréhension du
cœur humain aussi intense, aussi aiguë. Peut-
être les critiques trouveront-ils dans les fresques de Novella un art plus haut. Ils n'y trouveront pas, certainement, plus de grâce, plus
de naïveté, plus de finesse, ni, surtout, plus
d'émotion.

*
* *

Voilà ce que la lutte guelfe et gibeline a
produit dans cette petite ville. Adaptez ces résultats à la taille des autres cités, au lieu de
Salvucci et Ardinghelli, mettez Florence et
Sienne, Pistoia et Lucques, etc., et vous au-

rez le secret de cette prodigieuse éclosion artistique que l'on a appelée du nom disgracieux de *Quattrocentisme*.

Le siècle de Dante fut simplement le siècle qui prépara cette époque-là, c'est-à-dire que le xive siècle fut le siècle de l'héroïsme. Pour obtenir l'état social qui permet à des artistes de subsister et de rayonner, il ne suffit pas du hasard. De tels fruits sont longuement mûris au soleil des générations. Ce vertige du beau, cette folie d'art, cette exaspération dans la lutte pacifique, ne sont et ne peuvent être que de l'énergie canalisée. Cette fougue, cet élan, affectèrent chez les pères des Quattrocentistes — bourgeois et artistes — la forme militaire. La guerre supprimée, ou devenue l'affaire des mercenaires et dont les citoyens ne se mêlaient plus, on se battit à coups de fresques et de chefs-d'œuvre.

De 1250 à 1350, il y eut, pour préparer le Quattrocentisme, toute une période de carnage et de combats. Autour de la bataille de Monte Aperto, la Toscane fleurit comme une grenade ardente. Toutes les collines se hérissèrent ; toutes les murailles se crénelèrent ;

toutes les maisons se haussèrent d'une tour. Certaldo elle-même, Certaldo dans le doux val d'Elsa, la riante cité, patrie de Boccace, se fortifia.

Ici, à San Gimignano, je sens cela avec force et clarté. Du haut des remparts, je vois cette campagne si riche et si clémente. On y fut toujours heureux. On y tint longtemps à être son maître. Ceux qui voulurent s'en emparer furent repoussés. On lutta et cela dura jusqu'à ce que vainqueurs et vaincus se précipitassent dans la servitude florentine… Voilà pourquoi San Gimignano, qui pouvait être si riante, est si farouche. Et voilà pourquoi Florence était si rude. Ce que San Gimignano est restée, Florence le fut, au xiiie siècle. Et, déjà grande ville, elle le fut plus intensément encore : ville ardente, ville fière, ville libre, ville bouillante, ville sauvage, ville riche, ville convoitée, ville soupçonneuse, ville où l'on vivait enfin !

Dante est de ce moment où germait le Quattrocentisme. Il est de l'époque que l'on dit quelquefois être la plus belle de Florence, parce qu'elle fut la sienne et celle de Giotto. C'est cinq années après la bataille de Monte

Aperto, qu'il naquit. Florence avait la rage au cœur. Elle frémissait, rongeait son frein, ne rêvait que vengeance et revanche. L'atmosphère de la ville devait être chargée de poix. Les remparts étaient trop hauts pour que l'on songeât à regarder les douceurs du Morello. Et si on contemplait le ciel, c'était pour lui montrer le poing. Dante est de cette grande époque où la vie fut tout intérieure, tout à une idée fixe, tout à un unique souci. Il fallait relever la patrie humiliée. Et l'on travaillait en silence ; les causeries en famille ne rappelaient que des hontes, au souvenir desquelles on se rongeait les ongles.

Pourtant, un jour, Dante vit entrer le soleil dans Florence, sous les traits de Béatrice. Il aima. Et les collines de Fiesole lui révélèrent leur beauté. La *Vita nuova* nous est parvenue. Mais la trace, la marque, l'éducation restèrent au fond du cœur. Et lorsque les factions redoublèrent leurs intrigues, tout ce vieux levain fermenta. Dante rabaissa son capuchon, un instant relevé pour regarder Béatrice. Il descendit dans l'enfer de l'exil et toute la boue de l'Arbia lui remonta à la gorge.

San Gimignano nous donne cette leçon incomparable. Florence modernisée vous laisse — en dehors de la Piazza della Signoria, peut-être — un peu inquiet. C'est ici que l'on prend la véritable signification de la Toscane et de ses enfants si divers. San Gimignano se montre ingénument à nous dans son cadre agreste, derrière sa robe de pierre rousse qui cache les trésors radieux de son sein. L'histoire et l'art s'éclairent par cette ville intacte, attirante et farouche, citadelle et reliquaire.

III

UN DÉSERT OPULENT

Monte Oliveto.

En quittant Sienne, le train descend rapidement la colline et file vers l'Arbia, dont l'écume recouvre encore, sur les rives, des flaques désséchées de sang florentin. De loin, on aperçoit Monte Aperto, la tragique montagne où Farinata de' Uberti se jura, en endossant son armure, de vaincre ses frères qui l'avaient chassé, mais aussi, s'il était vainqueur, de leur pardonner. Sont-ils, ces paysages évocateurs, aussi puissants que mon imagination les crée ? Et le passant, auquel le nom d'Arbia ne représente qu'un cours d'eau ondulé, se sent-il étreint, en le traversant, par un sentiment poignant et tragique ? Laissons du moins à ceux qui peuvent meubler les paysages, la joie de leurs souvenirs,

Voyager pour voir et être ému par la seule splendeur ou par l'horreur des choses, est une manière qui a son prix et souvent fertile. L'autre manière, qui est d'ajouter, ou d'opposer aux contrées parcourues les événements mémorables dont elles furent le théâtre, est du moins édifiante. Et si *j'ai vu* tout à l'heure Farinata bousculer un Buodelmonte dans la rivière, ma conscience ne prend-elle pas une forte leçon, le citoyen que je suis n'est-il pas inoubliablement enseigné ?

Tout à coup le paysage change. De riant qu'il était il devient sévère. La végétation cesse presque complètement. Çà et là le pauvre paysan, sur une terre cabossée, dispute à l'argile qui couvre toute cette contrée, de maigres coins brunâtres. Les charrues ont creusé des sillons qui semblent des rails de montagnes russes. On dirait que le bœuf a tracé son labeur sur une mer mouvante, sur des vagues. Cent mètres carrés de cette culture acharnée et tout de suite la désolation reprend, pendant des lieues. Et, par-ci par-là, l'effort de l'homme apparaît à quelque coin labouré, quelques oliviers plantés, quelques herbes arrachées.

Peu à peu, pourtant, la désolation l'emporte. L'argile grisâtre étend plus largement ses vagues ; elle emplit tout l'horizon. Et lorsque le train arrive à la station d'Asciano où attendent les voitures qui vont nous mener à Monte Oliveto, il y a bientôt une heure qu'il ne roule plus que sur une terre convulsée, dans la cendre.

Avez-vous vu, au Louvre, le relief par lequel M. et Mme Dieulafoy représentent les lieux où ils ont opéré leurs fouilles de l'Acropole de Suse ? Vous avez vu ce terrain gris, couleur gorge de pigeon un peu ; vous avez vu ces fentes ravinées, cette poussière qui semble couler, détrempée, et former des précipices ? Réalisez ce relief en un pays de plusieurs milliers de kilomètres carrés et vous aurez l'image de cette contrée.

La route est taillée dans cette terre de fouilles. Elle contourne docilement les plus petits monticules de sable, se glisse au bord des plus ravinés précipices — précipices ? la chute serait sérieuse ; et cette crainte est apaisée seulement par la sensation d'une culbute dans la vase que semble cette terre épaisse, pâteuse et molle à la fois.

Ce sol est, en réalité, très friable. La moindre pluie le fait couler et en déforme les contours. De là, ces entailles continuelles qui s'entremêlent et créent ainsi des pics, des collines, des cuvettes de mers intérieures, des montagnes, en miniature. Mais il y en a tant, cela s'étend si loin, à perte de vue, que cette route suivie devient peu à peu un chemin impossible et irréel. Rien que l'argile grise, rien que le moutonnement de ces cendres. Le vent souffle avec rage, menaçant de renverser la voiture. Il est libre dans cette plaine. Il y vagabonde, impétueux.

Nous apercevons, au loin, sur la route, quelques formes humaines adossées à un coin de rocher ; aussitôt la sensation pénible qui nous poursuit depuis le début de notre course, se fixe et se précise. Quels sont ces hommes? Des brigands ? Et nous sourions. Mais l'impression reste exacte. Ces hommes, nous le verrons tout à l'heure et le devinons déjà, sont de paisibles cantonniers. Si pourtant, notre cocher vient à se retourner vers nous, pour nous prévenir civilement d'avoir à vider nos poches, et si deux mousquets nous couchent en joue, nous ne serons nullement surpris.

Si manquent les brigands, nous allons voir, sans doute, sauter par-dessus les fondrières et bondir sur les rochers des bandes affamées de loups voraces. La louve décharnée, aux pauvres pendantes mamelles, que Sienne mit sur son blason, c'est ici qu'elle la vit rôder et l'entendit rugir ; c'est ici qu'elle la prit au piège pour en faire le symbole de son courage, de son indépendance et de sa fierté.

Seuls, sur cette route dont les lacets se déroulent à l'infini, il nous semble être au milieu du plus perdu des déserts, loin de toute humanité, entraînés par je ne sais quel coup de folie dans une exploration impossible. Cette route ne peut être fréquentée. Ce pays ne peut être habité, c'est le pays de la mort et de l'épouvante.

A l'horizon, je cherche en vain le volcan qui a jeté ici sa lave. Je songe à la Pompéi toscane, grande comme dix fois Paris, qui est peut-être endormie sous cette terre que le vent, semble-t-il, tellement elle paraît légère, doit emporter. Que des pioches éventrent ce sol impalpable et une nouvelle cité splendide nous apparaîtra !

Mais non ; nul sommet n'émerge. Rien ne dort sous cette poussière. C'est ici, alors, peut-être, le fond boueux d'un lac préhistorique ou l'humus mis à jour d'une antique forêt ?

Ces hypothèses insensées nous hantent, malgré notre raison ; ce pays fut toujours ce qu'il est, isolé, rebelle et farouche. Les paysages de l'*Enfer*, les voici ! Dante s'inspira de cette frontière des Maremmes pour nous décrire les cercles où le guidait Virgile. Je les reconnais, je les vois maintenant, les lieux qu'il évoque avec une horreur sublime. A Florence, à San Gemignano même, je me demandais où Alighieri avait pu s'inspirer d'une aussi sauvage nature. Et j'attribuais à l'exil et aux murailles et tours orgueilleuses de sa cité, les imaginations de son cœur meurtri. C'est que je n'étais pas encore venu ici, je n'avais pas franchi cette argile. Tels les abords de l'Enfer, telle cette région toscane de la mort.

Et lorsque, enfin, mon compagnon et moi descendons du *vetturino*, il me semble que nous sommes les deux ridicules pèlerins d'un voyage définitivement décrit, le Virgile et le Dante impuissants et rabougris d'un Enfer dépeuplé.

** * **

En contre-bas d'un village sinistre, sur un pic isolé, au milieu de cyprès et de rares oliviers, une masse rouge sombre s'écrase, dominée par un clocher massif. C'est Monte Oliveto. Tout autour le néant, l'abîme profond de l'argile ravinée et précipitée. Comment peut-on parvenir à cette sorte de burg ? Il semble qu'il faille grimper le long des parois grises avant de mettre le pied sur le terre-plein. Il y a une route pourtant. Ce pic est relié à la chaîne d'argile par une arête fine. Cette arête a été sectionnée à son sommet dans toute sa longueur et la base de cette section forme la route. A droite et à gauche des

ornières creusées par les roues des voitures,
l'espace nécessaire pour le garage d'un piéton
et, brusquement, le saut.

On s'engage dans cette route ; on passe sous
une porte, sorte de tour crénelée qui disait
la puissance temporelle des moines et affirmait
leur souveraineté ; on suit un chemin bordé
de cyprès et on parvient à une petite place où
se projette l'abside de l'église.

L'abbaye se compose d'un grand quadrila-
tère tout en briques, à deux étages. Les fenêtres
des cellules regardent la désolation de la mer
d'argile, qui se perd, à l'Ouest, dans les
Maremmes. Du côté de l'Est, les murs sont à
pic, soutenus par des contreforts épais et contourne un étroit chemin de ronde. De là on
aperçoit le petit village qui semble veiller sur
le monastère et le protéger. Au Nord, des
allées serpentent entre une double rangée de
cyprès et conduisent à des petites chapelles
abandonnées, à des « points de vue » d'où l'on
découvre les tours de Sienne.

Un homme, un paysan, nous introduit dans
une salle basse, voûtée, où une longue table
couverte d'une nappe blanche nous accueille.

Par quel festin, dans ce désert si morne, notre histoire de brigands va-t-elle se prolonger ? Au cœur de la plantureuse Toscane, cette désolation a failli faire de nous, tout à l'heure, des hallucinés. Quel démon veut donc continuer notre rêve en nous offrant, dans cette solitude, des agapes féeriques ? Ce pays est hanté, on va nous servir, avant la pillerie, un festin à la Pantagruel. Et je me prends à souhaiter quelque aventure à la Scudéri, un piège tendu par de modernes malfaiteurs, par des brigands civilisés. Ah ! quelle couleur aurait, dans ce décor et une rançon doucement sollicitée, obséquieusement imposée !

Hélas ! après nous avoir laissés seuls un moment, — c'est cela, ils préparent leur coup ! — l'homme revient. Et gravement il nous ramène à la réalité des choses : il ne peut rien nous donner qui nous sustenterait. Un peu d'eau à boire seulement... Et, déconfits, nous dévorons quelques os de poulet dont, à Sienne, on a bourré nos poches et serrés entre deux croûtons de pain.

L'homme nous raconte alors que le couvent a été désaffecté. L'État s'en est emparé et l'entretient. Monte Oliveto dépend de l'Académie des Beaux-Arts de Sienne qui prend soin de ses murs, de sa bibliothèque — si dépouillée et triste ! — et de ses peintures. Les artistes et les savants qui veulent séjourner doivent en faire la demande à Sienne. Il y a des chambres, suffisantes, au plein soleil. Et si l'on veut être, visiteur d'un jour, accueilli par quelques fiaschi et quelque polenta, il faut prévenir de sa venue. Notre chef de brigands est le gardien hôtelier. C'est un fonctionnaire et un cuisinier.

Nos pilons rongés, l'homme nous ouvre une porte et nous lâche dans le couvent. Un premier cloître d'abord, petit, puis une autre porte, et nous entrons dans le grand cloître, l'illustre cloître du Sodoma, pour la gloire duquel l'administration prévoyante a fait un désert de ce monastère florissant.

Tout le long de la route, si tragique, et jusqu'à cet instant où le cloître nous fut donné, je les avais un peu oubliées ces peintures du Sodoma qui étaient pourtant le but de cette excursion à la Faust, dans la désolation de la terre morte et du vent infernal. Mais les voici. Et l'amusante illusion, notre jouet de tantôt, s'envole à jamais. C'est bien toujours la terre toscane, ici rayonne toujours l'âme incomparable de la Renaissance. Je suis à Florence, je suis à Sienne, je suis au milieu de cette désolation comme partout d'où je viens, depuis que je foule ce sol sacré. Un musée incomparable se déroule sous ces arcades abandonnées au milieu de l'épouvante.

Il serait injuste de demander au Sodoma la foi d'un Giotto. Les fresques de Santa Croce et de la chapelle des Espagnols m'avaient ravi par la pureté et la ferveur qu'elles révélaient dans l'âme de leurs auteurs. Et si Angelico reste le rayon de joie lumineuse, de grâce et de finesse pieuses de l'art toscan, peut-on exiger de ceux qui vécurent cent ans après celui-là, une aussi simple vertu ?

Les temps héroïques sont finis. Benozzo, déjà, a passé. Il a fréquenté le palais Medici, et s'il conserve la probité il n'a plus l'innocence. Ses fresques de San Gemignano sont d'un artiste qui a compris et qui a voulu, elles ne sont pas d'un croyant.

Après lui, le Sodoma apparaît comme un prodigieux virtuose, mais un simple virtuose. Jamais, peut-être, ce que les peintres appellent « le morceau » n'a atteint et n'atteindra cette ampleur et cette beauté. Mais j'ai toujours cru voir, dans ces figures de moines, l'ironie ou peut-être, au moins, l'indifférence de leur peintre. Et comment serait-il assez détaché de ce monde, pour nous émouvoir par les tortures morales de saint Benoît, tortures toutes de foi et de sainteté, celui qui caresse si voluptueusement les formes de ces inquiétants jeunes hommes que l'on voit autour du saint ?

Benozzo a pu, en traitant les douleurs d'Augustin, hausser son génie jusqu'à l'humanité profonde du fils de Monique, jusqu'à ses doutes, ses égarements et sa flamme. Mais quoi donc le Sodoma aurait-il compris aux intimes tourments d'un Benoît, fondateur d'un ordre monastique, tout à la contemplation divine, si hors du monde ?

Que l'accusation de Vasari, d'où Antonio dei Bazzi tire son surnom de Sodoma, soit fausse ou vraie, il n'importe. Celui-ci était en tout cas assez du siècle et ses éphèbes sont assez voluptueux pour qu'on ait pu le marquer ainsi. Et qui donc soutiendra qu'un artiste aussi charnel, dont certaines femmes nues, vues à Sienne, donnent déjà un avant-goût de Rubens, même s'il ne fut pas sodomite, ait pu se purifier le cœur et l'esprit au point de comprendre san Benedetto ?

Et dès lors, l'impression de réalité s'achève. Ah ! si c'était ici, dans ce cadre unique et si bien fait pour elles, que l'on pouvait transporter les fresques de Novella !

Le Sodoma, au contraire, me ramène violemment au milieu des hommes, dans la ville bruyante et fleurie.

J'ai oublié le désert terrifiant que je viens de traverser, Monte Oliveto n'est plus un couvent perdu et abandonné. Il n'est plus le site le plus sauvage et le plus désolant qu'on puisse voir. C'est le mol abri de la civilisation la plus délicate, où l'on se plaît à mettre le plus de mondanité possible dans la représentation des événements les plus saints et les plus légendaires.

Par le Sodoma, Monte Oliveto devient un musée incomparable d'art pur, détaché de

tout culte. Que nous voilà loin de San Marco !
Florence, la Florence du Magnifique et de
Benvenuto, est ici. Et l'effort qu'il faut faire,
cette fois, comme nous en faisions un, ce matin,
pour croire à la réalité de la nature, l'effort
qu'il faut faire, pour encadrer ces chefs-
d'œuvre d'humanité dans ce monastère fantastique, est bien le plus affirmatif témoignage de
la splendeur artistique de ce peintre, mais
seulement de cela. Or l'art, entre ces murs
désertés, est ce qui jure le plus.

Ces écuyers et ces pages du Sodoma, je les
admire, et leur créateur fut grand parmi ceux
de son temps. Mais ne les admirerais-je pas
davantage et le Sodoma ne me paraîtrait-il pas
plus grand, à Rome ou à Florence ? Je les vois
à la cour de Jules II, ces pages couverts de
soie et de dentelles, versant d'un bras gracieux
et las le vin dans les coupes. Ces écuyers aux
armes bien polies, dont les mains soignées
n'ont jamais tenu l'épée trop rude que sous
le gant épais, je les vois à Careggi, mêlés aux
joutes philosophiques des jardins. Ici ils sont
étrangers à tout et à tous. Ils étonnent sur ces
murailles sévères, n'ayant rien des temps qui

les vit naître, ni de la sainte ardeur qui les peupla.

*
* *

Nous sommes repartis dans le vent furibond, à travers les précipices, et nous avons salué amicalement les cantonniers paisibles. Le charme était rompu. Le discours du vetturino tendant à nous persuader que sa *buona cavalla* était la meilleure du pays et que, par conséquent, nous devions doubler la somme promise, s'est chargé de le mettre en miettes.

Nous sommes montés dans le train, les nerfs détendus et j'ai lu l'histoire de Monte Oliveto. Les guides la donnent succinctement ; le petit livre acheté au gardien, livre traduit en français, du Père Grégoire M. Thomas, est à la portée de chacun. Æneas Sylvius Piccolomini-Pie II nous en a dit aussi les splendeurs. N'a-t-on pas d'autre part le récit d'une visite de Charles-Quint? Devant les fresques du Sodoma l'empereur soupçonneux dut, comme nous, être rassuré.

Monte Oliveto, autrefois Accona, fut fondé

en 1320 par Bernardo Tolomei, siennois, et placé sous l'invocation de saint Benoît. Tolomei, ses moines et leurs successeurs, défrichèrent le désert, le plantèrent et mirent un peu de vie dans cette mort de la nature. Le couvent fut des plus prospères, longtemps. Puis il périclita et pour éviter que les chefs-d'œuvre du Sodoma et de Signorelli subissent le sort de l'église de 1350, qui fut démolie au xviiie siècle par des moines stupides, le gouvernement sécularisa le couvent. Il n'est plus aujourd'hui que le toit paradoxal de chefs-d'œuvre de l'art.

* * *

Tout à l'heure, au moment où le soleil descend derrière Monte Maggio, j'errais dans les jardins de la Lizza d'où Sienne apparaît déroulant ses remparts effrités, d'où l'on voit San Domenico qui garde la tête sacrée de sainte Catherine et d'où la terre siennoise rougeoie sous les fleurs éclatantes du printemps.

Il était bien de cette ville si âpre et si rude, ce Bernardo Tolomei qui voulut peupler le désert d'Accona. Il était le frère de la petite Catherine, dont l'oreiller de pierre se voit encore dans le caveau qui lui servait de lit. Il était sorti de ce sol ardent et farouche. A l'heure où le peuple toscan, siennois en tête, luttait furieusement, dans des guerres fratricides, pour son indépendance et la suprématie de son clocher, ou de son parti, ceux que la piété tourmentait et que l'ardeur de la pénitence possédait, ceux-là devaient choisir Accona pour refuge.

Auraient-ils donc pu prier Dieu en quelque molle vallée, alors que leurs frères, restés dans le siècle, brandissaient terriblement, à chaque heure du jour et de la nuit, leurs armes massives ? Auraient-ils donc pu concevoir une vie de prière qui ne fût pas aussi une vie de lutte ?

Enfants de ceux qui se battirent sur l'Arbia, contemporains de ceux qui se précipitaient par le val d'Elsa sur Florence relevée et traînaient la République dans le sang des Neuf et des Douze, ils ne pouvaient comprendre la pénitence que dans les plus rudes travaux, les plus impossibles besognes.

Glorifier la majesté divine, mais là où elle n'inspirait que la terreur. Disputer rageusement au sol le plus ingrat les pierres et les brins d'herbe séchée. Creuser des citernes comme à Carthage. Défier la nature en l'honneur de ce Dieu favorable, qui permit à l'orgueilleuse cité d'affamer Charles IV dans son palais.

L'autre jour, San Gimignano me fit saisir l'âme toscane aux temps héroïques. Mais je n'en voyais que les témoignages civiques. A Monte Oliveto, je viens d'en voir le témoignage divin. De Dante à Tolomei il n'y a que la distance du grand citoyen au grand moine. C'est le même fond. Ces deux cœurs furent pétris de la même pâte. Et si Dante, lorsqu'il voulut écouter son cœur, n'en put entendre les battements qu'une fois descendu aux cercles infernaux, lorsque Bernard Tolomei voulut réaliser ses conceptions du renoncement, ce ne put être que dans l'horreur d'Accona.

A Monte Oliveto j'ai entendu vibrer la seconde corde de la lyre toscane du siècle de

Dante et de Farinata. Monte Oliveto est l'expression religieuse, exacte, de ce siècle sublime où les cœurs étaient fous, où les bouches, même pour la prière, ne s'ouvraient qu'en rugissant.

IV

LE CŒUR DU PEUPLE

Florence, samedi saint.

Aujourd'hui, grande fête populaire. Et combien ce fut caractéristique de cette ville, de ce pays !

Dès onze heures du matin, l'étroite place de Santa Maria del Fiore est noire de monde. Les rues de la ville se sont vidées comme par enchantement et les attardés que l'on rencontre se dirigent tous dans le même sens, vers le Dôme. Le soleil est éclatant. Dans l'air frais et léger, une lumière blanche, ardente nous inonde, une lumière inconnue dans nos pays, si pure et si radieuse qu'il semble que le soleil va faire éclater les pierres. Et la sensation est curieuse, pour les « Nord » que nous sommes, de rester immobiles sous ce soleil étincelant sans en souffrir, n'en prenant que du bienfait.

La foule s'entasse peu à peu, de plus en plus dense, de plus en plus joyeuse. Que se passe-t-il ? Je m'approche et j'aperçois tout le milieu de la place complètement vide. Des portes du Dôme aux portes de Ghiberti un large espace demeure respecté ; la foule s'arrête à une barrière idéale, ni turbulente ni craintive. Elle attend avec déférence une manifestation divine.

Au milieu de cet espace vide, une masse étrange, un char de bois, octogone énorme, couleur chocolat, tronqué dans le haut, tout garni de guirlandes multicolores, aux volutes bizarres et maladroites. Un fil de fer est attaché à mi-hauteur de ce char et, tendu, va se perdre, par la porte grande ouverte, dans l'intérieur du Dôme. La foule pressée regarde avec tendresse et vénération cet informe char, le *carro* bien-aimé, fétiche énorme, antique, ridicule et touchant.

Où aboutit le fil de fer ? Je le suis dans la cathédrale. On s'y agite, on s'y promène, sous les voûtes comme dans la rue ; on parle haut, on rit. Cette nef c'est un *hall* de fête. Et je retrouve aussitôt la foule italienne telle que je la vois depuis huit jours que je cours les églises. Serait-ce parce que, depuis des siècles, ces églises sont des musées où le monde entier défile ? Mais non, le soin de les laisser dégarnies de tout ce qui pourrait, chaises ou bancs, gêner la marche ou inviter au repos, au recueillement, indique nettement la qualité des âmes. Sa prière terminée, l'italien ne connaît plus d'enceinte sacrée. L'autre soir, à San Lorenzo, un enfant jouait au cerceau dans la nef. A Pise un cheval, qui broutait dans la prairie, est entré, pour se mettre au frais, dans le Dôme et on l'y a laissé. Ce matin, dans Santa Maria del Fiore, la foule est conviée à voir la *colombina* mettre le feu au *carro* ; le Dôme n'est plus l'église où l'on vient prier Dieu, il est seulement l'asile de l'oiseau de feu.

Alors tout autre souci cesse. Personne ne songe à se signer en entrant. Comme l'église est froide, quelques-uns gardent leur chapeau. Et tout le long de la nef, depuis le chœur jusqu'à la porte, de chaque côté du fil qui, partant du char, va s'attacher à un poteau de bois dressé au pied de l'autel, une foule dense et bruyante va et vient, grimpe sur des chaises, sur des bancs apportés, sur les épaules les uns des autres, comme pour le défilé du roi ou d'un cortège.

Pendant ce temps, l'office divin se déroule. Les prêtres psalmodient, les enfants chantent, les pauvres orgues, perdues dans cette immensité, rugissent pitoyablement. Ce peuple, qui est là pour un acte de foi et de tradition si touchant, ne voit ni n'entend rien de son antique religion. Dieu lui-même n'a-t-il pas pris corps aujourd'hui, pour se manifester, dans la *colombina* ?

L'heure, cependant, approche. Les cous se tendent vers l'autel, vers le poteau sacré, où semble se cramponner la colombe encore inerte, tout à l'heure fulgurante.

Midi sonne. *Gloria* ! clame la voix du célébrant. Brusquement la colombe s'est animée. Elle s'enflamme, crépite, ouvre ses ailes et s'envole. La voilà qui court le long du fil de fer, crachant derrière elle une gerbe d'or. Entre les rangs qui se bousculent, elle passe fièrement, consciente de sa mission divine. Les mains se tendent sur son passage, des bras nus s'agitent en des appels suppliants. Chacun veut être touché par le feu de la *colombina* afin que l'année lui soit clémente.

L'oiseau magique a suivi son chemin. Lorsqu'il est apparu sur le parvis de l'église, la foule l'a acclamé, frénétiquement. Il a traversé l'étroite place, est venu frapper le char immobile qui, aussitôt, a frémi dans tous ses êtres.

Ses fleurs bizarres se sont enflammées et elles éclatent. Tandis que la *colombina* retourne à l'autel, versant toujours ses gerbes d'or, le *carro* rugit en une pétarade prodigieuse. Il semble se disjoindre en tous ses angles. Cela tonne terriblement. Des bombes, des « marrons », des fusées, partent du char et claquent dans l'air frémissant. Et la foule acclame, — entre chaque coup de pétard on entend ses cris — tandis que, dans l'église, elle rit, s'anime, parle haut, gesticule, et s'écoule indifférente aux chants triomphants du clergé, toute à la joie que la *colombina, brava colombina,* ait bien rempli son devoir : la récolte sera bonne, les grappes seront lourdes aux festons.

Au bout d'un quart d'heure de bombes crépitantes, le char est attaché à quatre bœufs blancs. On l'emmène sur une autre place de la ville, près du palais Pazzi — depuis la construction des tramways à trolley, il ne peut plus arriver jusqu'à ce palais même — et là on achève de tirer le feu d'artifice, commencé au Dôme en l'honneur de Dieu, en l'honneur de cette famille des Pazzi qui fut tour à tour si propice et si funeste à sa patrie.

Voilà comment se passe la fête du *Scoppio del carro*, aujourd'hui. Voilà comment elle se passe depuis huit cents ans. Écoutez sa courte et simple histoire. Tout Florence s'y révèle.

*
* *

Godefroy de Bouillon était parti pour la croisade, brûlant d'arracher aux infidèles le tombeau du Christ. La chrétienté frémissait de rage et d'espoir. Florence, la cité guelfe de demain, plus que toute autre. Les galères pisanes emmenèrent une véritable armée florentine que commandait *Pazzo* ou *Pazzino dei Pazzi* nommé par Urbain II surintendant général des croisés de Toscane.

Pazzino n'avait, bien entendu, et d'abord,

qu'un désir : soustraire aux mécréants le tombeau du Christ. Mais il aspirait aussi, par une ambition plus haute, à ne pas laisser dans Jérusalem, exposée aux injures des infidèles, cette pierre sacrée. Il projetait de rapporter en terre chrétienne la sépulture divine et d'en faire don à la plus belle, à la plus digne ville de la chrétienté : à Florence, sa patrie.

Si Pazzino se couvrit de gloire militaire, il fut rempli, dans son cœur, de confusion. Lorsqu'il se trouva devant le tombeau du Christ, il s'aperçut bien vite de quelle illusion il avait été victime, lorsqu'il avait rêvé de poser cette pierre sur ses épaules et de le rapporter à Florence. Quelle humiliation, à son retour dans son palais, où il serait la risée des siens ! Le rouge de la honte lui monta au visage, la colère l'affola, il brandit son épée et — sacrilège ? — fit sauter deux pierres du saint tombeau.

Lorsqu'on apprit à Florence que Pazzino rapportait de Terre-Sainte des fragments du Saint-Sépulcre, la joie et l'orgueil s'étalèrent sans mesure. On fit à ce digne et pieux citoyen une réception triomphale. Pazzino entra dans la ville monté sur un char construit spé-

cialement pour la circonstance, aux frais de la
Seigneurie, béni par l'archevêque et orné de
peintures qui rappelaient son exploit.

Et la Seigneurie institua une fête publique
qui perpétuerait la gloire de Florence et le
grand cœur de ses enfants.

Chaque année, le samedi saint, un Pazzi,
d'une étincelle prise à la pierre sacrée, rallu-
merait le feu éteint du sanctuaire et, tandis
que l'officiant entonnerait le *Gloria*, allume-
rait la *colombina* chargée de porter la flamme
au char couvert d'artifices.

Telle eut lieu, en 1099, *la festa della colombina della casa Pazzi*, telle elle a lieu aujour-
d'hui. Même sous Le Magnifique, au lendemain
de la conjuration des Pazzi où Julien fut tué
et Laurent si miraculeusement sauvé, elle ne
fut pas interrompue. L'orgueil de Florence
était plus fort que son amour pour les maîtres
qu'elle s'était donnés.

Cet admirable peuple est tout entier dans
cette simple et touchante histoire avec son orgueil et son humilité chrétienne, sa fierté et sa
superstition, son indépendance et son culte des
héros, sa tradition et sa fronde.

A l'époque où le corps du Christ faisait l'objet de luttes sanglantes entre chrétiens et infidèles, l'idée que sa patrie seule était digne d'abriter les restes du Sauveur, devait venir à un florentin, comme elle vint plus tard à ses fils que Florence devait posséder la plus belle église du monde. L'exploit de Pazzino, tout Florence eût voulut l'accomplir, un peu pour soi sans doute, mais aussi pour sa ville, chérie de Dieu.

La possession d'une telle relique ne pouvait que porter bonheur à Florence, faire prospérer ses récoltes, gonfler ses raisins et ses olives. Florence sera éternellement favorisée du Seigneur grâce au haut fait d'un de ses enfants.

Mais il faut que chaque citoyen possède l'âme héroïque d'un Pazzino. Il faut donc montrer à chacun que Florence sait honorer le mérite et le récompenser. Il faut enfin que personne n'oublie que sa gloire personnelle revient tout entière à la ville où il naquit, sans laquelle il n'eût pu rien accomplir de ses exploits.

Et que les siècles à venir, que les enfants de nos enfants, chaque année, commémorent ce haut fait, pour leur enseignement — que le monde entier soit convié à voir ce que fut Florence, ce qu'elle est restée, à admirer la valeur de ses citoyens, la grandeur de la cité.

N'est-ce pas ainsi que, tout à l'heure, du haut d'une fenêtre du Bigallo, indifférent à la réalité, mais conscient de l'histoire de cette ville et de ce peuple dont sa famille est souveraine, comprenait la fête du *Carro*, le colonel comte de Turin ?

V

EN SOUVENIR DE MICHELET

Pisc.

Vous souvenez-vous du cri de douleur de Michelet, rapportant l'entrée de Charles VIII à Pise ? Voici cent ans bientôt que la malheureuse cité gémit sous la patte du Marzocco. Et comme au premier jour sa souffrance est intolérable. Elle se jette aux pieds du roi, le supplie de lui rendre sa liberté. Ce mot sacré déchire le cœur de Michelet. Le poète a des accents d'une tragique amertume pour honnir le roi de France qui, s'enivrant d'amour et de gloire, ne songe guère à secouer le joug guelfe mis par la papauté sur ses épaules. Et Michelet verse des larmes brûlantes sur la gibeline Pise qui avait cru, un instant, renaître et qui retombe définitivement dans sa servitude.

Cette page ardente de Michelet m'accompagne sous les arcades qui mènent à la *Piazza dei Cavalieri*. Elle est la plainte même de cette ville désolée qui, aujourd'hui encore, rêve à sa grandeur défunte. La curiosité du monde entier ne console pas la triste Pise. Elle expie chaque jour son erreur et si Michelet fut touché par son malheur au point d'en oublier les sévérités implacables des lois historiques, la ville d'Adrien, elle, n'oublie pas ; elle nous montre toujours un visage ravagé. Avec Michelet nous sommes remplis de miséricorde.

Comme sa tour, Pise est si penchée ! Sa pauvre tête est si lasse sur son corps décharné ! Les trésors qu'elle étale sur son squelette ne font que la montrer plus lamentable. On ne voit plus que sa misère.

Et, sur la *Piazza dei Cavalieri*, je ne songe plus aux Pisans conquérants d'Amalfi. Il n'y a plus devant mes yeux que la victime de Gênes et de Florence.

Lorsque Vasari démolit les vieilles demeures qui entouraient cette place et y construisit les palais qu'on y voit encore, lorsque sur l'emplacement de la Tour de la Faim, où

Ugolino della Gherardesca subit l'affreux sup-
plice qui valut à Pise d'être appelée par Dante
« la honte du beau pays où le *si* résonne »,
il bâtit ce petit palais à toit plat, chétif,
obéit-il exclusivement à son goût, à sa conception artistique, à l'idéal de son temps ?

Les remaniements à jamais déplorables de
Santa Croce et du Dôme, à Florence, inter-
disent les suppositions malveillantes. Et si
Vasari exerça sa manie destructrice sur les
monuments mêmes de sa patrie, si son goût
de la décadence, son mauvais goût, tranchons
le mot, profana les sanctuaires de Florence, il
est bien difficile de voir, dans ses « embellis-
sements » de Pise, une intention autre que
celle de l'architecte, sincèrement convaincu
de l'excellence de son âge.

Et pourtant quelque chose d'obscur devait
être en lui, qui guidait sa pioche. Quelque
chose des vieilles passions ancestrales, l'im-
périeuse nécessité de ne laisser debout aucun
monument de la puissance civique pisane
d'autrefois. Embellir, c'était avant tout changer, effacer les traces d'un passé qui ne pouvait renaître. La statue du grand-duc Cosme Ier

fut plantée devant le palais des Cavaliers, remanié; cette effigie scella de sa pierre massive l'asservissement définitif.

Ainsi comprise, cette place enjolivée dégage la plus intense leçon. C'est vraiment elle qui est le Campo Santo. Elle parle bien plus fort à notre imagination que toute autre vision purement pisane. Elle nous dit la mort de la cité. Les murailles peintes qui l'entourent n'illustrent plus qu'un obituaire.

Cherchons donc, alors, ce que Gênes et Florence ont tué. Allons là où subsiste encore la marque de cette ville qui manqua sa destinée. Partie couverte des plus belles couronnes, Pise vit ses fleurs se faner à peine écloses. Et elle mourut, à son aurore, sous les coups de ses bourreaux, au bord d'un fossé, serrant toujours dans sa main, si fortement qu'on n'osa les arracher à son cadavre, les bijoux somptueux qui attestent, à travers les âges, sa grandeur fugitive, mais inégalée.

*
* *

Tout au bout de la ville, au milieu d'une

prairie, appuyés presque contre les murailles, quatre monuments proclament la majesté, la puissance et le génie pisans. S'il est peu décent, après tant de maîtres, d'en détailler les merveilles, il est permis du moins de leur demander un enseignement.

Pour ceux qui ne peuvent séparer les œuvres d'art de l'époque où ils furent enfantés et qui croient à leur intime liaison avec la vie politique et sociale des peuples, combien éloquente est la page de l'histoire de Pise écrite par Rainaldus et par Nicolas Pisano !

Au xi⁰ siècle, Florence vagissait encore que Pise créait l'art toscan. Le dôme de Pise est la première œuvre de l'architecture toscane. De la naissance de Nicolas Pisano date la rénovation de la sculpture moderne.

Quand nous ne saurions rien de l'histoire politique de la ville, quand les chroniqueurs ne nous diraient pas que Turcs, Libyens, Parthes et « autres monstres de la mer » débarquaient dans son port leurs produits les plus divers et agitaient tumultueusement dans ses rues les couleurs éclatantes de leurs manteaux et de leurs robes tissées d'or fin, est-ce que cette simple constatation ne suffirait pas ?

En ce temps-là Pise était forte, riche et libre. Elle couvrait la mer Tyrrhénienne de ses vaisseaux. Elle disputait à Gênes et à Venise les comptoirs installés sur les rives d'Asie et jusqu'à l'embouchure du Borysthène. Elle avait vaincu les Sarrasins de Sicile. Les Normands et les Grecs de la côte napolitaine étaient décimés et rançonnés par elle. Lorsqu'il fallut transporter en Terre-Sainte les soldats chrétiens, ce furent les galères pisanes qui cinglèrent les premières vers l'Orient.

Un instant, l'espace d'un siècle — si bref ! — Pise fut la plus grande et la plus puissante. Et dans cette ville abondante et ouverte, la fleur d'art poussa vigoureusement. La preuve ne s'en trouve pas seulement dans les chroniques et la mémoire des hommes, elle est surtout inscrite dans la prairie où fleurissent le dôme et le Baptistère, parce que de tels prodiges ne peuvent être le produit de la barbarie ni du sommeil.

Quelles destinées, dès lors, ne lui semblaient

pas promises ! La mer était à elle et la terre lui payait tribut. Elle n'avait plus qu'à se développer conformément aux lois générales de la vie et aux lois particulières de sa constitution, pour devenir la nouvelle Athènes, pour être ce que Florence fut.

Et pourtant, tout d'un coup, elle s'affaissa. Ses soubresauts furent terribles, mais elle ne se releva jamais. Cette mort subite fut donc un accident ? Non pas ; c'est que Pise, lorsque le jeu politique amena l'Italie entière au carrefour où il fallait choisir entre deux chemins, Pise, avec tant d'autres qui périrent comme elle, prit la mauvaise voie et fut irrémédiablement perdue.

Dans le compte fantastique des sept mille et quelques révolutions qui, d'Othon Ier à Charles-Quint, ravagèrent la Péninsule, Pise figure avec le chiffre de plus de cent guerres.

Lucques d'abord l'inquiéta. Puis Gênes. Puis Sienne. Puis Florence, et le long chapelet se déroule à l'infini.

Mais si l'on recherche les causes de ces luttes, l'histoire répondra toujours par la constatation de l'égoïsme pisan, de sa méconnaissance complète des règles qui président à la vie des peuples.

Alors que sa position à l'embouchure d'un fleuve devait faire d'elle l'entrepôt du monde italien, non seulement elle rêva, comme Gênes et Venise auxquelles leur situation géographique l'imposait, l'indépendance et l'isolement, mais elle voulut encore soumettre ses sœurs à son empire.

Lucques, déjà déchue pourtant, excita sa mesquine jalousie. Pise sentait toujours derrière elle cette ville orgueilleuse et elle s'acharna à la détruire, alors qu'elle n'avait qu'à la laisser mourir de consomption.

Puis ce fut Gênes avec laquelle elle ne voulut pas partager l'empire de la mer, alors que les vallées de l'Arno et du haut Tibre lui offraient pourtant tous les débouchés que son activité réclamait.

Plus tard ce fut Florence dont la prospérité naissante avait besoin d'une issue vers la mer et qui, Pise mettant à ouvrir son port des conditions trop dures, creusa celui de Livourne. Ce fut Venise enfin, à laquelle elle disputait rageusement les côtes de l'empire grec. Partout et toujours on ne voit, dans l'histoire de Pise, que la jalousie et l'avidité. Ayant été seule un instant, elle n'admettait pas qu'on pût être deux. Lorsque les empereurs descendirent en Italie, loin de comprendre que cette invasion imposait la concorde et l'union, elle se fit l'alliée du Germain. Par haine de Florence, elle devint le rempart des Gibelins.

Elle marcha ainsi, toujours, à contre-temps du développement logique des municipalités italiennes. Et à mesure qu'elle tombait plus bas, elle emplissait l'air de cris de plus en plus inarticulés, agitait de plus en plus follement ses bras amaigris. Peu à peu, elle perdait toute mesure, réclamait un jour un tyran qu'elle livrait bientôt aux plus atroces supplices, se faisait l'alliée de Milan qu'elle combattait le lendemain, se joignait à Florence contre Lucques, puis à Lucques contre Florence, pour finir, après avoir perdu l'empire de la mer, passé à Gênes et à Venise, par perdre même son indépendance que Florence lui arracha.

Ce ne fut d'un bout à l'autre de son histoire que désordre, incohérence et sacrilège. Pise ne comprit pas le rôle admirable qu'elle pouvait jouer dans la Toscane naissante. Elle devait en être le débouché et la source de vie. Elle aurait régné par l'échange. Et, ainsi que le Dôme et le Baptistère le démontrent, cette royauté matérielle aurait été la source de sa royauté morale.

Son âpreté causa sa ruine. Rien ne pouvait la sauver, pas plus César, qui ne sauva pas davantage les autres villes qui se donnèrent à lui, que Charles VIII. Celui-ci du moins n'aggrava pas sa misère.

Si les murailles du Dôme attestent l'erreur de Pise, combien le Campo Santo nous la dit plus sévèrement encore ! Lorsqu'au milieu du xiie siècle, les Lorenzetti, les Andrea da Firenze, les Spinello Aretino et les Gozzoli arrivèrent à Pise, ce fut pour signer définitivement sa déchéance et sa fin. Dans cette ville qui *inventa* l'architecture et la sculpture, qui, avec Giunta Pisano, faillit *inventer* aussi la peinture, la mort est entrée. Le cœur ne bat plus que mécaniquement. Le sang circule encore, mais les cellules qu'il devrait féconder sont déjà durcies.

Et pour décorer les murailles élevées par les créateurs de la cité, il faut aller chercher ailleurs ceux qui ont ramassé le flambeau tombé de ses mains. Le Campo Santo n'est pas pisan, il est, ô tristesse amère ! florentin.

VI

GRANDEUR DE LA SERVITUDE

Lucques.

Heureuse Pise ! Si misérable qu'ait été sa condition seconde, elle eut du moins un premier éclat qui la rend immortelle. La vie lui fut donnée non sans qu'elle en jouît. Et si elle se perdit par fol orgueil, avidité sans mesure et aberration politique, du moins sut-elle profiter des premiers jours de son âge. Son enfance fut féconde et perpétue sa mémoire. Aussi fautive que sa voisine, elle est pardonnée parce qu'elle fut belle une heure.

Ce retour vers Pise est la première pensée qui vient à l'esprit lorsqu'on arrive à Lucques et que, pour prendre possession de la ville, on monte sur les remparts. Quand les Lombards pénétrèrent dans la plantureuse Toscane, ils furent charmés par la plénitude et la grâce de ce site et firent de Lucques leur séjour de prédilection. Il n'y en a pas de plus riant.

Entre les Apennins et les Monts Pisans qui étalent sous ses yeux leurs flancs abondants, Lucques, assise au bord du Serchio, semble une fière matrone qui repose sa vieillesse dans la douceur et la paix d'un paysage de fraîcheur et de silence.

Elle ne sourit guère, elle qui gronda toujours. Du moins est-elle calme, et ayant dépouillé tout l'appareil militaire qui la couvrait, elle a noué autour de ses reins une verdoyante ceinture, ses remparts ombragés aujourd'hui, couronnés de feuillages et d'où elle regarde chatoyer la plaine fertile et la montagne avenante.

Voit-elle encore, comme au temps de Dante, sa rivale, Pise, à travers le mont Saint Julien? Ses yeux sont trop affaiblis, sans doute? Pourquoi ne le furent-ils pas toujours? C'est de cette vision, de cette hantise que vinrent tous ses malheurs. A force de regarder à droite, puis, plus tard, Pise tombée, à gauche, vers Florence, Lucques ne pensa jamais à se regarder soi-même. Et lorsque, un jour, les Pisans, par représailles, dressèrent de grands miroirs devant ses murailles, les Lucquois pâlirent en s'apercevant, tandis que les Pisans, lorsqu'ils virent les glaces plantées par les Lucquois sur les tours d'Asciano, purent encore s'y mirer avec complaisance.

Lorsque nous pénétrons dans la ville, tout de suite nous voyons que ses monuments ne sont pas les produits d'un art conçu dans son sein, mais bien les œuvres d'artistes élevés à l'école pisane ou à l'école florentine.

San Martino est, quant à sa façade, la reproduction exacte de la cathédrale de Pise. Ce sont les mêmes colonnades étagées les unes au-dessus des autres, qu'aucune pensée personnelle n'est venue modifier. On y voit seulement un enfantin souci de luxe et d'ornementation — comme si les mosaïques ou les figures pouvaient constituer un style architectural ! Elles ne font que rendre de plus en plus évidentes la préoccupation et la sujétion pisanes.

Si les Lucquois ajoutèrent un porche élégant et d'une intimité gracieuse, ce fut bien

vite pour convier Nicolas Pisano à le décorer.
Et si on loue la rare beauté gothique de la
nef et des transepts, ce n'est qu'avec ce mot
de « gothique » qui indique d'autres emprunts
et rappellent, ici, les origines florentine et
siennoise de ce style nouveau.

A San Michele, il en est de même. Lorsqu'on arrive sur la place Saint Michel on est
ébloui par la richesse de cette façade multicolore où les marbres, blanc de Carrare,
rouge de Sienne, vert de Prato, enluminent
les colonnettes de rutilantes arabesques. Certaines même sont sculptées tout entières en
formes humaines ou animales. Des guirlandes,
représentant des lions, des chiens, des aigles
ou des cigognes, couronnent chaque étage.
Mais comme cela est lourd et disproportionné !

Et j'éprouve ici la même sensation qu'en
France, à Reims, où le portail splendide,
chef-d'œuvre incomparable, laisse pourtant
quelque regret, le regret de le voir si détaché
du monument, si indépendant, comme pla-
qué ; on le transporterait ailleurs sans nuire à
sa beauté. A San Michele de Lucques cette
impression est encore plus vive. La saillie de

cette façade, au-dessus et en avant de l'église, est exagérément prononcée, rendue encore plus sensible par les colonnes inférieures adossées au mur de fond et amincies vers le haut. C'est Pise, toujours, que je retrouve, et Pise corrigée, enjolivée, enrichie, c'est-à-dire un Dôme de Pise sans la simplicité ni la majesté qui en font toute la grandeur.

L'architecture civile ne me donne pas davantage l'impression, si avidement cherchée, d'un art personnel. Lorsque je tourne le dos à San Michele, si je regarde le palais Pretorio, c'est à Alberti qu'il me faut bien en reporter tout de suite le mérite. Et lorsque j'erre dans le mélancolique Palais Ducal, c'est Vasari qui s'impose à moi, avec rigueur.

Et pourtant, si Lucques avait voulu ! San Frediano est là pour nous dire qu'elle aussi pouvait être originale et léguer aux âges futurs des monuments de son indépendance morale. Si remaniée qu'ait été cette basilique, lors de l'invasion de l'art pisan, on distingue encore les restes magnifiques d'une grandeur personnelle dans sa façade et ses côtés inférieurs. Et si Brunellesco ne dédaigna pas d'emprunter le style de ces derniers pour la Badia près de Fiesole, quel plus flagrant témoignage pouvons-nous trouver de ce que Lucques aurait pu être, si elle avait su voir son destin ?

*
* *

Elle lui ferma toujours obstinément les yeux. Une grandeur prématurée l'empêcha de s'abandonner à son propre génie. Il fut un temps où elle primait en Toscane. Sous les Lombards, sous les rois éphémères, Lucques fut la capitale de cette province. Jusqu'à ce que la pieuse Mathilde l'abandonnât pour Mantoue, elle fut la reine fière et puissante.

Lorsque l'empereur Arnolphe en parlait, il lui croyait la richesse d'un royaume. Elle en tira un incommensurable orgueil. Habituée à dominer, elle s'imagina que la seule gloire digne d'envie était celle du pouvoir Comme les enfants nés sur les marches d'un trône, elle ne comprit pas qu'il y a une autre noblesse que celle conférée par le sceptre. Elle ne vit pas qu'elle aurait pu, comme tant d'autres, vivre libre. Pise, qui l'avait bien devinée, lui imposa un jour la domination du marquis Inglebert, et il lui fallut toute sa haine pour qu'elle sentît le ridicule amer de ces oripeaux, pour qu'elle comprît qu'on voulait l'accabler sous le poids des dignités.

Lucques, pendant plus de trois siècles, s'hypnotisa sur cette chimère de reconquérir sa domination royale. Elle vécut dans un continuel vertige de férocité jalouse. Indifférente à elle-même, comme aux principes les plus sacrés de la vie des peuples, elle renie chaque jour ce qu'elle a fait la veille, tantôt alliée à Florence, tantôt à Sienne, tantôt au pape, tantôt à l'empereur, tantôt même à Pise, n'agissant que dans l'espoir de ramasser sa couronne. Elle perd toute conscience et mérite que Dante dise d'elle : « là tout homme est fripon, pour de l'argent de non on fait oui. » Elle se souille, se prostitue avec la rage d'une noble fille qu'un brutal a violentée et que l'horreur de soi précipite au ruisseau.

Les plus insignes bandits la possèdent tour à tour et, l'ayant assise pendant quelques jours à côté d'eux sur leur trône sanglant, la rejettent dans sa fange. Elle en arrive à ne plus même être maîtresse de se donner. Son pauvre corps si radieux autrefois, elle ne peut même plus choisir la boue où elle le roulera. Comme une esclave, on la vend. Par trois fois, les tyrans d'outre-monts la cèdent contre argent, jusqu'au jour où, desséchée, ravagée, elle subit la dernière honte d'être offerte à Florence par Mastino della Scala et d'entendre Florence répondre : Gardez-la !

Faut-il la suivre ainsi, à travers les siècles, tombant toujours plus bas, se relevant parfois avec quelque prince que ses savantes caresses, son prestige et, il faut le dire, sa ténacité courageuse, illusionnent encore ? Elle est un admirable instrument pour semer l'inquiétude et, Jean Galéas entre autres, on s'en sert. Parfois elle se rachète de sa servitude, mais c'est pour se vendre encore un peu plus tard, à Florence contre Pise, à Gênes contre Florence ou même contre ses propres enfants.

Elle succomba définitivement avec Florence et toute la Toscane, sous Charles-Quint ; elle était si bien morte et à jamais rendue stupide par la servitude qu'elle ne sentit même pas l'injure qu'on lui fit lorsque, dans le lit où veillait Béatrix, on coucha Elisa Bacciochi et lorsque, dans l'église où s'agenouillait Mathilde, on assit Marie-Louise de Bourbon.

S'il me fallait encore une preuve que Lucques, parce qu'elle fut grande trop jeune, ne se développa pas selon ses dons naturels et sa fertilité native, ne l'aurais-je pas dans l'artiste parfait, fin et délicat que fut Matteo Civitali ? C'est à lui qu'elle doit encore d'attirer pour quelques heures les passants.

Son Tempietto est un monument d'un art architectural très savant et très pur. L'autel de Saint Régulus plaît par la simplicité et la pureté des figures, si l'arrangement général, l'architecture, en paraît moins heureuse. Et quel ravissement céleste, quelle grâce juvénile dans les anges de la chapelle du Saint Sacrement !

Celui-ci, du moins, Civitali, est bien un enfant de Lucques, de cette campagne si riche et si aimable, de ces montagnes au feuillage abondant et vibrant. Le petit Matteo dut souvent s'égarer dans la campagne lucquoise et y puiser le sentiment de la fraîcheur et de la grâce. Ses draperies et ses modelages du marbre, d'un sentiment si juste et d'une technique si exacte, il en prit la souplesse et la ligne aux montagnes qui l'entouraient, à l'ondulation du Serchio où il baignait son corps d'enfant.

Ce que Civitali a pu faire nous dit assez ce que ses pères auraient fait, s'ils avaient eu le loisir qui lui fut laissé. Lorsqu'il naquit, Lucques respirait un peu, Pise étant morte depuis longtemps déjà et Florence inaugurant la tyrannie des Médicis. Personne ne songeait plus guère à elle, le dédain du monde lui donnait un instant de paix.

Son enfant, la dernière fleur de cet arbre aux racines si fortes, put librement s'épanouir. Et la sève lucquoise, si longtemps refoulée, produisit enfin un dernier rameau : cet artiste charmant dont les créations sont parmi les plus pures et les plus exquises de la Renaissance.

De la chaîne d'or que chaque ville italienne s'est forgée aux temps miraculeux du moyen âge et de la Renaissance, Lucques ne battit jamais que le premier et le dernier anneau. San Frediano et Civitali, aux deux pôles de l'art lucquois, attestent éloquemment le paradoxe social et la déplorable servitude de cette cité qui aurait pu, alors que tout, autour d'elle et en elle, l'y conviait, briller d'un éclat original et que sa démence condamna à n'être qu'un reflet.

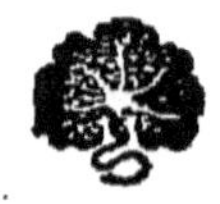

VII

LA VIE D'UN GRAND PEINTRE

Prato.

Au milieu de cette terre fratricide qu'est la Toscane, parmi ces souvenirs sanglants qui sont l'attrait et l'enseignement de nos courses, Prato marque le repos, le calme et la douceur innocente.

Prato n'a pas d'histoire particulière. Faubourg de Florence, pour ainsi dire, elle partagea tout de suite les destinées de celle-ci. Elle lui fut soumise dès les premières années du xiie siècle. Vers 1350, elle essaya bien de secouer le joug, mais en pure perte. Elle se résigna et comprit alors combien admirable était le rôle qu'elle faisait jouer auprès de sa puissante maîtresse. Elle le joua d'une manière inimitable.

Il n'y a pas une tache de sang, ni de boue,

sur le blason de Prato. Dante la dédaigne. En revanche, on y voit fleurir la Renaissance en ses plus purs artistes. Gloire enviable, les deux plus parfaites œuvres d'un art nouveau, d'où date le progrès définitif de la peinture et de la sculpture, mémorables stades de la carrière florentine, se voient fixées sur ses murailles.

C'est l'orgueil éternel de Prato de posséder la chaire extérieure de Donatello et la fresque de Filippo Lippi, ces deux chefs-d'œuvre de la première période de la Renaissance, c'est-à-dire de cette époque où l'art, libéré moralement par Giotto, s'affranchit des dernières chaînes scolastiques, s'inspira de la nature, regarda les hommes, les animaux, le monde et les peignit tels qu'il les vit.

De la gare, une rue droite nous mène à la place du Dôme, spacieuse, sans palais rébarbatifs, avec une fontaine de marbre au bambin rieur, aux cygnes voluptueux et avec l'église au portail vert — le fameux marbre vert de Prato, presque noir, — et blanc. Rien de militaire, rien d'agressif sur cette place. Et c'est le premier étonnement en cette Toscane héris-

sée de murailles rousses et de tours orgueilleuses. Prato semble une aimable petite ville
de province, un gros bourg sans histoire. On ne
voit ici que des œuvres pacifiques.

A ce contact, Prato a pris grand air, le
grand air du bon accueil, de l'élégance et de la
simplicité. L'œil cherche en vain les hauts murs
aux fenêtres parcimonieuses. Le seul édifice
imposant par sa structure étale l'enseigne amicale d'une auberge où un *risotto con piselli*
succulent est offert avec aménité. Prato a le
sentiment exact des chefs-d'œuvre capitaux
qu'elle détient. Elle a renoncé à toute autre
parure. Et son sens aigu, tout florentin, des
belles choses, l'a averti qu'elle occuperait, en
se tenant à ce rôle de sanctuaire, une des
premières places dans l'esprit des hommes.

Nous avons bien vu le palais communal. Mais
sa composition même indique assez qu'il ne s'y
passa rien de tragique. Une tour, modeste, a
été soudée, après coup, à un *palazzino* exigu.
Un fin crénelage court au sommet des deux
édifices, et qui est un ornement bien plus
qu'une défense. On accède à l'intérieur par
un escalier étroit et raide impraticable pour

l'assaut, encore bien plus pour l'éruption. La majesté des prieurs exigeait cette allure générale un peu sévère. Le détail montre avec évidence que, si Prato possédait le sentiment de la dignité, elle ignorait la discorde.

Un peu plus loin, l'église de la _Madonna delle Carceri_, de la fin du xv⁰ siècle, détient l'un des plus complets spécimens de l'art des Robbia qui soient offerts à notre admiration. Une frise élégante et souple, de cette terre cuite vernissée qui est bien le plus charmant décor qu'on ait pu inventer, enguirlande la base de la coupole. Elle rehausse magnifiquement les graves Évangélistes des pendentifs et forme ainsi, avec eux, un ensemble d'un charme, d'un galbe et d'une discrète richesse inoubliables.

Nous avons vu enfin le petit musée où Filippo est représenté par un tableau d'autel où j'aimerais à reconnaître, sous les traits de Marie, la Lucrezia, et, dans la rue _Santa Margharita_, la Vierge de Filippino, pauvre vierge tombant en poussière derrière son grillage, mais d'une si vive expression sous son auvent protecteur elle-même protectrice des ébats de la rue, des jeux des enfants dans le ruisseau, cramponnée à cette vieille masure qui lui doit la vie.

Je la regarde, cette tête pure, au vague sourire indulgent et mélancolique, penchée vers le *bambino* que soutiennent ses mains frêles. Malgré les plâtres sacrilèges qui ont réuni les plaques de *tempera* disjointes — ou bien à cause de cela ? — elle m'a paru, cette douce et fine Marie de Filippino, être, elle aussi, de la race des Lucrezia et des Spinetta, ces nonnes amoureuses dont les aventures remplirent les jardins de Carregi de rires sonores et inspirèrent à Æneas Sylvius une bienveillante miséricorde.

Mais est-ce que tout cela, tous ces détails délicats dont l'accumulation contribue à l'allure générale, pacifique et élégante, de cette ville souriante et gracieuse, est-ce que tout cela ne doit pas disparaître devant les deux chefs-d'œuvre : la chaire de Donatello et la fresque de Fra Filippo ?

Sur le fond ardent du ciel, à l'angle de la cathédrale, la chaire s'érige, si fondue avec l'édifice qu'elle semble taillée dans le mur même et si légère à la fois qu'elle semble délicatement accrochée à son flanc.

Sur sept panneaux de marbre, des enfants chantent et dansent. Leur mouvement, la fraîcheur et la vivacité des figures, je les ai déjà vus sur l'incomparable tribune de chanteurs qui est à Florence. Mais est-ce la disposition ronde de ces bas-reliefs, est-ce leur abandon au plus brillant soleil, là même où ils furent conçus et dressés? Ils m'ont paru doués d'une vie plus intense, d'une jeunesse plus vigoureuse, d'un art plus ému et plus vrai.

La vie, la vérité, ce sont les deux mots qui conviennent à ce grand Donatello, qui, le premier, sut rendre la beauté du corps humain, avec tous ses frissons, ses contours chaleureux, ses lignes vibrantes, sa noblesse idéale et la réalité de sa matière. La chaîne antique est renouée et complétée. Donatello a repris la tradition de la beauté grecque, mais y ajoutant, par un coup de son génie moderne, le sentiment de la vérité et de l'expression. Sa Madeleine, son saint Jean occupent, dans l'art sculptural, une place aussi importante que la chaire de Nicolas Pisano. Il fut le Filippo de ce Giotto.

Ces dons de vie et de vérité que Donatello mettait au service de son ciseau, Fra Filippo qui les tenait en partie de son maître Masaccio, les appliqua à son art de peintre. Ses fresques du chœur de Prato ont été trop de fois décrites, on en a trop dit partout, dans toutes les histoires de la peinture en Italie et dans tous les traités, l'importance artistique et historique pour qu'il soit permis de les décrire encore. Toutes les émotions ressenties devant elles par les grands voyageurs et les spécialistes ont été commentées par tous ceux qui aiment l'Italie.

Que ferais-je ici, à célébrer de nouveau le banquet d'Hérode, la mort de saint Étienne? La souplesse des attitudes, l'invention du décor, la richesse des draperies onduleuses, l'expression des figures, la composition savante, la variété des sujets, l'habileté matérielle, et la grâce et l'élégance suprêmes, tout cela je l'ai bien vu et je l'ai ressenti.

Filippo Lippi marque une grande date, une des plus grandes, dans l'histoire de la peinture. Il a apporté dans cet art l'observation de la vie et de la nature. Avant de peindre les figures, il les regarda, ce qui était une nouveauté. Et c'est de cela que je suis peut-être le plus touché, comme je le fus tout à l'heure, devant son petit tableau du Musée où je voulais reconnaître Lucrezia. Grand peintre, parce qu'il fut un homme.

Et puisque, dans les autres villes parcourues, j'ai cherché la signification politique et sociale des temps qu'elles illustrèrent, dans cette Prato pacifique, étape capitale dans l'histoire de l'art, je chercherai la signification morale, c'est-à-dire les mœurs que produisirent et qui produisirent ces temps héroïques.

Comment vivait-on en Toscane, au milieu de ces luttes épiques, dont Pise, Lucques et Pistoia nous révèlent l'ardeur et la férocité ? Les jours où, au lieu d'être les bêtes fauves dont parle Dante, on était des hommes, comment manifestait-on son humanité ?

Donatello et Lippi viennent de me dire, par la splendeur de leur idéal et sa nouveauté, ce que de fortes et saines intelligences enfantaient au cours de ces années violentes. La vie de Filippo, ses aventures, les conditions dans lesquelles il travailla, par leur simple déroulement, serviront à compléter cette excursion au pays florentin dont nous venons de voir la grandeur épique, dont nous verrons alors, en même temps, la couleur morale, l'exubérance et la jeunesse radieuse.

Peut-être alors, ayant regardé vivre un grand artiste, comprendrons-nous mieux et ses œuvres, et lui-même, et ses frères belliqueux.

*
* *

Filippo naquit à Florence, sur la rive gauche de l'Arno, à l'ombre de cette église du Carmine où il peindra, à vingt ans, ses premiers essais. On était en 1406. Florence avait atteint le point culminant de sa prospérité. Cette année même, Pise était définitivement asservie, le Milanais tenu en respect. Les factions, par la défaite des *Ciompi,* se résignaient au triomphe de l'aristocratie marchande. Côme de Medici, d'une main ferme, menait les destinées de la ville qui mettait en lui ses espérances et sa sûreté. Brunellesco couvrait Florence de ses œuvres audacieuses, la coupole du Dôme, San Lorenzo, la chapelle Pazzi et enfin établissait déjà les plans de ce

Pitti formidable où la grandeur est atteinte par l'accumulation massive des lignes puissantes et lourdes.

Filippo, enfant, vagabondait au milieu de ces chantiers et ce ne fut que lorsqu'il eut atteint l'âge de six ans, orphelin depuis quatre ans déjà, que sa tante, qui l'avait recueilli, le confia aux religieux du Carmine pour qu'ils en fissent un saint homme. En 1421 il prit l'habit. A peine l'avait-il endossé que Masaccio fut chargé de décorer la chapelle des Brancacci, dans l'église du couvent. Fra Filippo vit le maître travailler. Il s'enflamma et son ardeur toucha le bon Masaccio qui mit un pinceau entre ses doigts. Il ne le quitta plus.

Mais ce n'était pas en vain que le petit Filippo avait erré dans Florence, gamin éveillé.

Fra Filippo sentit confusément qu'à rester confiné dans ce couvent son art ne se développerait pas. Un impérieux besoin de voir pour parvenir à interpréter le tenait. Et il obtint de ses supérieurs la permission de quitter le couvent, tout en continuant à porter l'habit. Aussitôt libéré, il se mit à courir la ville où circulait la société brillante et légère de la cour des Medici. Il courut si bien que, de ses vagabondages à la recherche de l'émotion devant la nature et la vie, est née la légende, aujourd'hui, semble-t-il, controuvée, de son enlèvement, au bord de la mer, par des pirates et de son séjour « en Barbarie ».

La Barbarie, c'était sans doute Fiesōle, San-Miniato, et les maisons amies, discrètes et joyeuses, où Filippo recherchait les paysages lumineux, les architectures délicates, les hommes et les femmes au doux regard, ses modèles.

Un tableau d'autel qu'il fit pour des moines, ce couronnement de la Vierge qui se voit à l'Académie, attira sur lui l'attention de Côme, qui l'appela. Côme, qui aimait les arts, dut être surpris, lui qui ne connaissait encore que le moine-peintre comme Angelico, de trouver un jeune carme bien vivant, éveillé, curieux de la vie, observateur et indépendant. Fra Filippo ne dut point dissimuler ses goûts, non plus que ses appétits. Côme en sourit et, lui ayant commandé quelques tableaux, lui octroya toutes les libertés. Filippo ne se le fit pas dire deux fois. Fort de l'appui du maître, il s'abandonna. Avec excès.

Si bien que Côme fut obligé de l'enfermer dans une chambre pour l'obliger à travailler. Quelques jours plus tard, on trouvait les draps de son lit transformés en une corde suspendue à la fenêtre. Côme ne se fâcha point. Il fit rechercher son moine effervescent, le retrouva, lui pardonna et, résolu désormais à laisser vivre à sa guise un artiste dont l'inspiration était toute extérieure, il ne s'occupa plus que de lui fournir les moyens de travailler selon sa fantaisie. Par sa protection, sans doute, Fra Filippo fut nommé chapelain de Santa-Margherita, à Prato. Le loup entrait dans la bergerie.

Dans ce couvent vivaient, sous l'habit, deux sœurs, Lucrezia et Spinetta Butti, toutes deux belles et gracieuses. L'un d'elles surtout, Lucrezia, brillait par la candeur malicieuse de ses traits affinés. L'ayant vue, Filippo en devint-il épris et employa-t-il le stratagème de la demander comme modèle, ainsi que nous le dit Vasari ? Il est plus probable que Filippo, déjà conscient de son art véritable.

réaliste, incapable de peindre sans un modèle où il pût saisir la vie et le sentiment, la choisit parmi les autres nonnes pour être la Vierge de son œuvre. Et ce qui devait arriver, arriva.

Quelques jours après, Lucrezia suivait le chapelain dans sa maison où ils s'aimèrent sans se cacher et où, quelques mois plus tard, Lucrezia donnait le jour à un fils qu'ils appe-lèrent Filippino.

Il n'y eut aucun scandale. L'exemple, même, profita. Bientôt Spinetta venait rejoindre sa sœur chez le chapelain. Trois autres suivirent. Et pendant deux ans, les nonnes et leurs amants, Filippo et Lucrezia, vaquèrent paisi-blement à leurs amours dans Prato indulgente, sous le regard bienveillant de Côme et de Florence.

Au bout d'un certain temps, toutefois, l'au-torité ecclésiastique essaya de rattraper ses brebis. Elle y réussit. Tout le monde rentrait au couvent, mais pas pour longtemps. Lucre-zia et Spinetta s'évadaient de nouveau, allaient retrouver le chapelain qui, tracassé, molesté par les moines, se fâcha et en appela brave-ment au Pape !

Côme, qui avait ri aux larmes lorsqu'on lui avait raconté l'enlèvement, se fit, auprès de Pie II, le protecteur du chapelain rebelle et libertin. Et Pie II, de cœur large, pardonna. Il délia Lucrezia et Filippo de leurs vœux et autorisa leur union.

Mais, délié, qu'allait devenir Filippo ? Privé de ses bénéfices ecclésiastiques, comment vivrait-il ? Ce fut, dans Prato, à qui, dès lors, subviendrait aux besoins de l'ex-chapelain. Ce défroqué, ce sacrilège, ce mari de nonne, fut solennellement convié à peindre le chœur de la cathédrale. Pendant quatre années, Filippo Lippi travailla paisiblement sous l'œil bienveillant des prêtres et des religieuses, dans cette église qu'il avait profanée.

Il y a mieux encore. Dépité qu'on lui eût enlevé son élève Fra Diamante, Filippo se refusa à achever son travail. Grand émoi par la ville. Tout le monde s'indigne contre les Carmes qui osent priver Lippi de son aide. On en appelle hautement aux Medici qui rendirent Fra Diamante à son maître. Un an après, dans Prato calmée et toujours protectrice, Filippo terminait son œuvre impérissable.

Mais, encore une fois, le terrible problème se posait. Avec les maigres ressources de son art, Lippi végétait. Tant qu'il peignait, on le payait; mal, mais on le payait. Qui donc allait s'intéresser à lui? Les Medici vinrent encore à son secours. Côme était mort, mais son fils Pierre veillait. Et sur la recommandation de celui-ci, Filippo fut chargé de décorer le chœur de la cathédrale de Spolète.

Trois ans après, en 1469, Filippo Lippi mourait dans cette ville, âgé de plus de soixante ans, empoisonné, dit-on, par un mari jaloux. Jusqu'à la fin, Filippo avait aimé la vie, son inspiratrice. Et Laurent lui fit élever, par son fils Filippino, un monument de marbre sous les voûtes de la cathédrale de Spolète, monument qui coûta cent ducats d'or et pour lequel Ange Politien rédigea une fière épitaphe.

Le prince guelfe érigeait dans le lieu saint, par les soins du fils de la nonne, un monument à la gloire de l'ex-chapelain.

On l'y voit encore aujourd'hui.

VIII

LA CITÉ POLITIQUE

Pistoia.

La patrie de Cino se présente aux regards riante et gracieuse. Sur les bords de l'Ombrone, aussi célèbre dans les guerres italiennes que le Rubicon dans les guerres romaines, Pistoia n'a rien de Lucques, sa plantureuse voisine. Elle est moins verdoyante. Les Apennins n'offrent point à sa vue des coteaux ombragés. Et cependant elle est encore plus avenante. Elle s'ouvre amicalement, étale avec complaisance ses délicates merveilles. Ses rues larges semblent effleurées d'un vent plus léger. Le soleil parait se complaire à caresser les murailles, où les fenêtres s'abandonnent à lui. Et les façades des palais, percées de nombreuses ouvertures, enjolivées d'ornements sculptés et peints, offrent au passant le plus aimable souhait de bienvenue.

Qu'elle est plaisante et douce, cette place du Dôme, où pourtant, comme à Lucques, à Pise, à Sienne, comme partout, des tragédies se déroulèrent ! Nulle aigreur, mais bien plutôt fierté et joie, dans le déploiement de ces blasons que le palais Pretorio a suspendu entre ses fenêtres ogivales. Ils sont les armes des différents podestats qui commandèrent au nom des citoyens, mais leur abondance et le respect dans lequel on les tient indiquent assez la concorde et, sinon la paix, du moins la communauté d'idéal. Sombre est la cour, mais, elle aussi, garnie des mêmes trophées et le banc de justice est intact : il fut respecté par un peuple bouillant et impétueux, mais qui gardait toujours le sentiment du droit et du devoir.

A côté, voici la cathédrale avec son campanile dont la base est une tour de château fort et le haut l'envolée d'une colonnade pisane, à trois étages : il ne faut jamais gronder trop fort. Le porche est semblable à celui de la cathédrale de Lucques, mais orné de fresques et de Robbia.

A l'intérieur, se dressent le monument funéraire de Cino, l'ami de Dante, qui enseigna à Pétrarque l'équité et l'amour de la liberté, le monument de Forteguerra qui est l'un des plus exacts représentants de la manière grave et idéale de Verrochio, et le devant d'autel, mémorable dans la toreutique, qui unit fraternellement les artistes de Pistoia à ceux de Florence.

Plus loin rutile la frise si riche et si éclatante de *l'Ospedale del Ceppo*. L'art inventé par le grand Lucca della Robbia, cultivé avec maîtrise par deux et trois générations de neveux, cet art qu'il faut voir en cette Toscane lumineuse, pour en comprendre la puissance décorative et le sentiment profond, triomphe, malgré quelque rudesse, par l'harmonie et la vigueur de ses couleurs primitives.

Plus loin enfin San Andrea avec sa chaire de Giovanni Pisano qui serait un chef-d'œuvre si elle ne copiait pas celle de Niccola, San Francesco avec ses fresques giottesques, San Giovanni au flanc sévère, et d'autres églises encore à l'intimité douce, à la simplicité calme, d'un art modeste et pacifique.

Partout, ici, éclatent la santé et la joie. Pas

une fois le sentiment familier au voyage en pays toscan, le sentiment poignant des souvenirs fratricides, ne vous étreint. C'est, en nous, une lutte continuelle de l'impression et du souvenir. Les noms galopent dans la mémoire, faisant retentir des cris de guerre. Panciatichi, Cancellieri, Tedici, Ricciardi, Sigobaldi, Vergolesi nous chantent des hymnes incendiaires. Vanni Fucci et Carlino nous rappellent qu'à Pistoia naquirent les *Blancs* et les *Noirs*. Et Dante qui fut *blanc*, Dante, l'inséparable compagnon de notre route, entonne ses strophes d'imprécation :

« Je suis Vanni Fucci la brute et Pistoia fut ma digne tanière... Ah ! Pistoia ! Pistoia ! pourquoi ne pas te résoudre à t'incendier toi-même jusqu'à ce que tu n'existes plus, puisque tes fils, de jour en jour, avancent dans le mal ! Dans tous les cercles obscurs de l'enfer, je n'ai pas vu d'esprit plus superbe devant Dieu !... »

Est-il donc possible qu'une ville aussi riante méritât de telles malédictions ? C'est la première fois que mon sentiment ne s'attriste pas lorsqu'il entend les implacables anathèmes du prophète. Quel charme mystérieux ou incompris émane de cette ville dont le souvenir est sanglant et dont la vue est toute de bonhomie et de bonne grâce ?

*
* *

Je reviens chercher la réponse à cette contradiction, sur la place du Dôme. Je regarde encore une fois l'église toujours avenante, le palais Pretorio toujours fleuri de ses blasons. Et, en face, j'aperçois alors le palais municipal que j'avais négligé tout à l'heure. Il est moins ouvert que le Pretorio et n'est point enluminé. Mais, au-dessus de sa principale fenêtre, s'embosse un marbre noir, une tête énergique et nette. C'est Filippo Tedici, l'un des plus synthétiques personnages de la vibrante et saine Pistoia. Et, comme une cloche endormie, lorsque le vent la caresse, réveille les mélodies assoupies dans son bronze frémissant, le nom de Tedici vient tout à coup évoquer les souvenirs plus précis qui éclairent d'un jour franc Pistoia la blonde et ses gais enfants.

Filippo Tedici et son oncle, l'abbé de Pacciana, avant lui, s'étaient imposés comme tyrans de la ville. A l'encontre de ce qui se passait ailleurs, les citoyens les acceptaient. Ils n'étaient pas pourtant, ces citoyens, moins jaloux de leur indépendance. C'est que la tyrannie des Tedici n'était pas semblable aux autres tyrannies. Serrée entre Lucques et Florence, mais ayant évidemment plus à redouter de celle-ci, Pistoia était gibeline. Qu'il eût été loin de compte pourtant, celui qui eût cru pouvoir, sans risques, l'offrir à l'Empereur ! Filippo Tedici, après son oncle, le comprit. Et son gibelinisme se nuançait de guelfisme. Il conspirait avec Florence, mais s'étant séparé, par un *confetto* habilement préparé, de sa femme sans alliances, il épousait Rialta, la fille du tyran de Lucques, Castruccio. Il trompait tout le monde, ou plutôt il trompait tous les ennemis de Pistoia. Dans quel but ? Dans le but, et cela est capital, de garder libre sa patrie.

Tedici avait compris que la ville de Pistoia, à être d'un parti, serait absorbée par Florence, soit comme ennemie, soit comme amie.

Pour n'être pas absorbée, elle devait louvoyer. Et si le peuple grondait, peu accessible aux finesses, son sentiment confus le sauvait d'actes irréparables. Il ne comprenait pas toujours, mais il sentait très exactement que les gestes de Tedici étaient conformes à son aspiration. Etre pour le pape ou pour l'empereur, quels beaux masques ! La réalité était simple : on voulait rester libre, coûte que coûte.

Sur cette terre militaire, dans cette ancienne ville royale, les gibelins pullulent, gagnent tout, sans doute. Mais voyez l'admirable fertilité de ce peuple libre, enragé de liberté ! Les Cancellieri, guelfes, s'il leur arrive de triompher, se hâtent de se diviser. Il ne faut pas qu'un parti domine l'autre. L'harmonie ne peut se faire que par oppositions. Et les Cancellieri, n'ayant plus de gibelins à pourfendre, inventent de se quereller entre eux ; ils se divisent en Noirs et en Blancs.

Cancellieri imaginant une nouvelle division des partis, Tedici suscitant des conspirations guelfes et gibelines, ce sont les deux pôles de l'histoire de Pistoia. Et les événements qui se déroulent entre eux n'en sont que l'exacte répétition. La formule est mathématique. Quelle souplesse et quelle renaissance quotidiennes ! Si les Blancs triomphent, les Noirs accourent, et réciproquement. Et comme les partis sont égaux, le résultat est invariable : on se réconcilie en proclamant l'indépendance de la cité. Le problème est résolu.

Mais peut-on rester en paix ? Le peut-on avec ces terribles voisines, Lucques et Florence ? Toutes deux viennent assiéger la ville ; elle succombe ; les femmes sont vendues comme esclaves ; les juges de Florence donnent la justice au plus offrant. Pistoia s'indigne, pousse des cris déchirants qui sont entendus par Henri VII de Luxembourg, espoir de Dante. Va-t-elle donc devenir gibeline ?

Encore une fois Pistoia se retourne. L'Empereur étant là, on devient guelfe, tout de suite. Le pape est loin, n'a que peu ou pas d'armée. Voilà le maître qu'il faut ! Henri VII s'en va-t-il ? Le pape dès lors est plus puissant. Vite, redevenons gibelins ou Blancs !

Le jeu est clair, éblouissant. Nulle ville comme Pistoia ne dit avec autant d'évidence ce qu'il y avait au fond de ces querelles qui nous donnent, lorsque nous en lisons le récit, le vertige et désespèrent souvent notre compréhension.

Villes guelfes ou papales, villes gibelines ou impériales, toutes ne demandent au pape et à l'Empereur que la protection nominale dont elles ont besoin pour être indépendantes et libres. Et si elles s'agitent à la surface, si elles se contredisent par moments, c'est que ces deux chefs veulent profiter de la protection qu'ils donnent pour devenir les maîtres. Ils s'abusent naïvement. On les renie, on les chasse, on appelle celui qu'on a renvoyé la veille et, lorsqu'il veut s'emparer du pouvoir, on le balaye à son tour. La grande affaire n'est pas l'Empire romain à ressusciter, ni la théocratie à créer. C'est la liberté à garder.

Voilà pourquoi Pistoia est si paisible, a cet air de santé et de joie que je lui ai vu.

Nulle ville, comme Pistoia, ne résume ces querelles du moyen âge italien où la terre d'Enée semble atteinte de folie, alors que si l'on y regarde de près on y voit au contraire un harmonieux développement social.

A une époque où le monde entier était couvert de ténèbres, il y eut une nation qui posséda le plus pur et le plus haut sentiment que les peuples puissent posséder : le sentiment de l'indépendance. Tout part de là, tout y aboutit, dans cette lutte épique ; la liberté fut vaincue, il est vrai, mais les villes italiennes n'avaient pas impunément lutté. Et le triomphe, en fin de compte, leur resta.

Pistoia porte aujourd'hui sur son visage l'expression d'un orgueil légitime ; elle rit et tend les bras avec grâce, parce qu'elle fut toujours pleine de force et d'équilibre. Pistoia avec ses palais et ses églises, image réduite de la Toscane guelfe et gibeline, donne une saine impression de vérité ; elle illumine l'histoire et les mœurs ; elle résume en son sein joyeux la vie italienne du temps des Empereurs et des Papes, cette vie où les enfants d'une même mère se déchiraient entre eux, mais dans le dessein sacré de garder leur nourrice intacte et libre, de la rendre indépendante et fière, leur orgueil et leur joie.

IX

LA VOIX DE PÉTRARQUE

Arezzo.

Les gorges de l'Arno, suivies depuis Florence, forment à Arezzo la plus savante approche. Le fleuve est, ici, un torrent impétueux qui s'est frayé une route rageuse à travers les rochers et les éboulements. Il a déchiré, ravagé les bords de cette terre tourmentée, lorsqu'il ne l'a pas submergée. Il semble que, ne pouvant la réduire, il a voulu se venger de son impuissance en la mutilant. Incessamment, la voie tourne en circuits audacieux, franchit le torrent ou le surplombe par des ponts ou des digues hardies, écrasée elle-même tout à l'heure par les rochers massifs qu'elle a déchiquetés. Et, tout à coup, au moment où l'Arno remonte vers le Nord, s'enfonçant davantage dans l'impénétrable montagne, le chemin de fer, lassé, l'abandonne. Il file alors vers la plaine clémente, vers le val largement ouvert de Chiana.

Autrefois, dans cette vallée fleurie, c'était la pestilence des marais. Dante encore nous le dit : « Si dans le mois qui sépare juillet de septembre les hôpitaux de Valdichiano, de la Maremme et de la Sardaigne étaient réunis en une seule fosse, ce serait un spectacle de douleur comme celui que je vis. »

Jusqu'au milieu du siècle dernier la désolation régnait sur cette terre, aujourd'hui fertile et verdoyante. Arezzo préside majestueusement à cette régénération. Du haut d'un contrefort des Apennins, elle semble surveiller le travail humain qui a mis prospérité et vie là où il n'y avait que mort et misère. Elle est à l'avant-garde de cette terre inondée que Fossombroni a rendue grasse. Elle est la tutrice attentive de cette contrée que son enfant a créée. Assise sur sa colline, elle regarde l'olivier et la vigne pousser vigoureusement, les canaux bienfaisants drainer les eaux trop abondantes. Au flanc des monts, elle se repose en contemplant son œuvre d'humanité, sa grande œuvre sociale.

Si Arezzo, au premier regard, s'est imposée à nous avec cet aspect tutélaire, bientôt le cours ordinaire de nos pensées reprend son pli inquiet. Dans l'histoire toscane, Arezzo n'occupe pas, il est vrai, de place originale. Elle a suivi ses fortes voisines, Florence, Sienne et Pérouse, dans leurs vicissitudes. Mais c'est elle qui donna le jour à un homme qui eut la gloire d'être la conscience de l'Italie. Ce n'est point en vain que Mécène y naquit ; Petracco, fils de Parenzo, notaire de la République de Florence, banni avec les Blancs, dont était Dante, se réfugia à Arezzo où sa femme mit au monde un fils qui reçut le nom de Francesco et que l'humanité toute entière appelle Pétrarque. Celui-ci s'impose à nous avec une vigueur qui exclut toute impartialité et tout vagabondage.

Sans doute, le fils de la Francesca, pauvre femme du peuple dont on lui donna le nom, le grand Piero, a laissé sur les murs d'une modeste église, la plus belle trace de son génie précis et vigoureux. Les fresques de San Francesco marquent dans l'histoire, parce que Piero della

Francesca fut l'un des premiers à apporter dans l'art de peindre les procédés de la perspective et des raccourcis et qu'il fut le premier à en formuler les lois mathématiques et géométriques. N'est-ce pas à lui, de plus, que Léonard et Raphaël prirent cette lumière dégradée, qui naît puissante pour mourir douce et molle, que l'on a appelée « clair-obscur » et à laquelle ces grands peintres doivent leurs plus heureux chefs-d'œuvre ?

Vasari, lui aussi, né à Arezzo, y a laissé l'une de ses œuvres les plus marquantes, ces fameuses loges ou arcades, sur le modèle de ses Uffizi. Pourquoi faut-il qu'une curiosité maligne m'ait entraînée au Musée, à la recherche des peintures de ce bon architecte et, surtout, de ce grand écrivain ? Si indulgent pour l'homme tout entier que vous rende l'*Histoire des peintres,* il n'est pas possible d'oublier les meurtres qu'il commit à Florence, principalement à Santa-Croce. Le Musée d'Arezzo en fournit une claire explication.

Ce que l'art le plus convenu, le plus faux et le plus méchant peut inspirer, Vasari l'a réalisé abondamment en ces tableaux qu'une aveugle piété a rassemblés dans ce petit musée. Vasari couvrit d'un badigeon sacrilège les murs de Santa-Croce et, ayant ainsi dérobé aux regards les fresques de Giotto ou de ses élèves, il éleva, contre ces murs divinisés, des chapelles dont la maigreur s'aggrave des fers qui les soutiennent et qui ont été plantés dans les yeux et la poitrine des premiers enfants du génie toscan.

Quelle pitié le peintre du Musée d'Arezzo, aux attitudes dramatiques, aux chairs boursouflées, aux couleurs criardes, devait avoir pour la tranquillité, la transparence et la pâleur des giottesques! Si Vasari n'avait pas laissé un livre immortel, la postérité aurait pour lui toutes les sévérités.

Pourquoi m'attarder? Pétrarque me réclame tout entier. Je regarde, en montant vers le Dôme, la si curieuse façade de *Santa Maria della Pieve*, avec ses colonnades superposées et qui semble l'entrée d'un palais vénitien ; le Palais public, fleuri d'armoiries comme à Pistoia ; le Dôme, où cinq admirables Robbia m'affirment une dernière fois le génie si pur, d'une sérénité et d'une justesse impeccables de l'art créé par le grand Lucca, et, dans la petite via dell' Orto, tout près du Dôme, je découvre la maison où naquit le petit Francesco.

** **

Lorsque, couvert des lauriers décernés par le peuple romain, Pétrarque s'arrêta à Arezzo, ses compatriotes lui montrèrent avec attendrissement cette maison où il vit le jour. C'est avec la même piété que nous la regardons, plus émus qu'il ne le fut lui-même, lui dont le cœur était au bord du Rhône et l'âme aux rives du Tibre.

Mais n'est-ce point justement à cause de cette âme romaine de Pétrarque que nous contemplons avec piété ces murs sacrés ? S'ils nous émeuvent tant, c'est parce que celui qui naquit derrière eux sut les oublier et se constituer l'enfant de toute l'Italie.

Arezzo compta bien peu dans la vie de Pétrarque, pas plus que comme une unité du grand royaume italien qu'il réclama jusqu'à son dernier soupir. Florence, elle-même, sa patrie véritable, il ne s'attendrit jamais sur elle et lorsqu'elle voulut le mettre à la tête de l'Université qu'elle fondait, il remercia avec gratitude mais se hâta de regagner sa maison de Vaucluse.

Il lui semblait qu'à s'émouvoir en faveur de sa petite patrie, ou à se fixer dans la grande cité de ses ancêtres, il risquerait d'oublier sa haute mission de prophète italien, de régénérateur de la liberté. A Avignon, du moins, il tenait son âme en perpétuel éveil. Les scandales de cette *sentine,* comme il appelait la cour des Papes, alimentaient chaque jour son ardeur vengeresse.

Si Laure, impitoyable, lui remplissait le cœur d'amertume et le faisait pleurer sur sa propre misère, les simonies et les saturnales des Benoît XII et des Clément VI l'arrachaient bien vite à lui-même, pour le rendre à sa destinée. De la terre étrangère, il voyait mieux l'Italie. Si Pétrarque conserva, toute sa vie, le sentiment très pur des aspirations italiennes, s'il put formuler définitivement celles-ci, leur donner un corps et une âme, c'est à son éloignement qu'il le dut. Dans la paix de la

Sorgue, il sentait mieux qu'à Parme, ou à Milan ou à Padoue, les besoins de l'Italie.

Être la conscience, la voix synthétique de tout un peuple, impose une attention que les mêlées distraient. Aussi, ne me paraît-il pas sérieusement présumable qu'une femme dédaigneuse ait pu, à elle seule, empêcher ce citoyen de l'Italie, cet apôtre de la fédération, dont chaque sonnet était accompagné d'une lettre véhémente au Pape, à l'Empereur, au roi de Naples, à Rienzi, aux Scala, aux Colonna et à tous les tyrans de sa patrie, de regagner le toit paternel, si son sens éveillé de sa mission ne lui avait pas indiqué très nettement la nécessité de l'exil.

S'il refusa de se fixer à Florence, il refusa aussi de s'attacher à Parme, ou à Pavie, ou à Milan. Bien mieux, et cela même est la suprême preuve, il ne voulut même pas s'attacher à Avignon ! Par deux fois on lui offrit le poste considérable de secrétaire de la Papauté. Par deux fois, il déclina cette offre. Pétrarque devait, pour accomplir son œuvre, rester indépendant, aussi indépendant qu'il voulait que le fut l'Italie.

La cour du Pape eût été aussi mortelle à son esprit prophétique que la cour des Visconti ou des Ursins. Et ce ne fut que lorsqu'il sentit la mort approcher, qu'il se crut permis le retour. Depuis longtemps il avait rédigé la formule italienne. L'Italie allait pouvoir pousser son cri unitaire ; le grand schisme de 1378, on peut le dire, est l'œuvre de Pétrarque : *Romano Papa volemo ! O almanco italiano !*

Pétrarque, devant la postérité, a été bien sévèrement puni de ses faiblesses humaines. Il aima une femme au cœur sec qui ne vit jamais en lui qu'un « soupirant » et ne devina pas quel cœur profond s'offrait à son empire. Et nous oublions le grand citoyen, le grand révolutionnaire, le génie politique, pour nous attendrir sur des pleurnichements de génie. En cette terre toscane, justice doit être rendue.

Toute l'Italie se précipitait au carnage, criant des mots dont elle saisissait à peine le sens, s'agitant sanguinairement pour des idées qui restaient vagues et flottantes. Le mouvement guelfe ou gibelin entraînait les villes dans un tournoiement affolé, dont personne ne comprenait la signification. Pétrarque eut la mission divine de coordonner ces éléments épars et confus et de dire à l'Italie : « Voilà pourquoi tu te débats et te bats ! Voilà pourquoi tu en appelles au Pape et à l'Empereur ! »

Étant à Cologne, il vit un spectacle qui l'émerveilla. Toutes les femmes de la ville s'étaient réunies au bord du fleuve et, la tête couronnée de fleurs, allaient laver dans l'eau mystérieuse leurs bras et leurs mains, avec des paroles d'incantation. On lui dit que cette cérémonie, annuelle, avait pour but la purification de la ville. La croyance était que cette *lustration* était nécessaire pour laver la ville de ses crimes et éloigner d'elle le retour des calamités.

« Heureux, s'écria Pétrarque, les peuples de Germanie, puisque ce fleuve entraîne ainsi toutes leurs impuretés ! Pourquoi le Tibre et le Pô n'ont-il pas la même vertu ? »

S'il monte sur le mont Ventoux, il s'exclame : « Je l'aime alors que je voudrais le haïr ! »

A Vaucluse, dans sa chère retraite, au milieu de ses manuscrits, il s'indigne (c'est sa propre expression) qu'il y ait quelque chose d'aussi beau hors de l'Italie.

Il y a plus de cent traits de cette sorte dans la vie de Pétrarque. Ceux-là du moins suffisent pour poser son caractère.

Que désire-t-il donc pour sa patrie qu'il aime avec une telle ardeur ?

Lorsque Benoît XII meurt, Pétrarque écrit à son ami l'évêque de Cavaillon une lettre enflammée où il anathématise ce Pape qui commit le crime de ne pas aimer l'Italie. A peine Clément VI est-il nommé, qu'il le supplie de retourner à Rome et le presse de se laisser emmener par l'ambassade du Peuple Romain à la tête de laquelle marche Rienzi.

A la mort de Clément VI, aussitôt Urbain V élevé sur le trône pontifical, il lui écrit : « Et Rome, qu'en faites-vous ? » Et lorsque ce Pape se met en route vers la Ville Éternelle, un cri sort de la poitrine de Pétrarque, le cri de délivrance des Hébreux au sortir de l'Égypte, le tragique *In Exitu !*

De tout l'amas de ses lettres, de ses odes, il ressortirait donc alors que Pétrarque avait pris parti dans la grande querelle, que Pétrarque,

comme sa ville de Florence, était guelfe ?
Est-ce donc à la souveraineté pontificale que
tendait l'Italie, puisque Pétrarque est son
porte-parole ?

Charles de Luxembourg ayant demandé à
Clément VI qu'on le consacrât, à Rome,
Empereur du Saint-Empire romain, Clément
y consentit à la condition formelle que l'Empereur ne séjournerait pas dans la ville plus
d'une journée. « O jour infâme ! O serment
honteux ! » s'écrie Pétrarque.

En 1350, étant à Padoue, désespérant de
voir venir le pape, il écrit à l'Empereur
Charles et le supplie de descendre en Italie.
En 1353, il l'en conjure encore. Et lorsque
enfin, l'année suivante, Charles IV entre à
Milan, il éclate d'enthousiasme et si cet Empereur repasse les monts, il le couvre d'invectives.

De tout l'amas de ses lettres, de ses odes,
il ressortirait donc alors que Pétrarque avait
pris parti dans la grande querelle, que Pétrarque était gibelin ? Est-ce donc à la souveraineté germanique que tendait l'Italie, puisque
Pétrarque est son porte-parole ?

Jamais Rienzi lorsqu'il tenta sa magnifique

entreprise, n'aurait osé espérer que la voix de Pétrarque lui apporterait son puissant appui. Et jamais révolution, pourtant, ne fut plus généreusement soutenue que celle-là par un homme dont les paroles retentissaient à tous les coins de l'Italie.

Il écrit à Rienzi, *tribun de la liberté, de la paix et de la justice*. Il le compare aux Brutus. Il soutient sa cause à la cour d'Avignon et il lui prodigue les conseils et les avertissements. Son cœur est brisé, sans doute, par l'exil des Colonna, ses protecteurs et ses amis, mais son âme ne fléchit pas. Il ne cesse de prêcher la sainteté de la révolution romaine que lorsqu'il voit Rienzi se traîner dans le sang, multiplier les exactions et se faire tyran. Alors il lui écrit de Gênes : « Je rougis de vous ! » Lorsque le pape, après la fin lamentable du tribunat de Rienzi, demande à Pétrarque son avis sur les réformes à opérer à Rome, il répond :

« Dès que Rienzi eut formé le projet de rétablir la liberté de l'Italie, je résolus de le révérer au-dessus de tout. Et je frémis d'indignation quand je songe qu'on ose reprocher au peuple romain d'avoir voulu la liberté. Restaurez, si vous le voulez, le pouvoir des seigneurs, mais à la condition de convier le Peuple à gouverner avec eux ! »

Quelques années plus tard, il laisse enfin échapper cette parole lumineuse : « Qu'importe d'où vienne la liberté, pourvu qu'on en jouisse ! »

Pétrarque n'est ni guelfe, ni gibelin, il est Italien. Ce qu'il veut, c'est l'indépendance absolue de la nation. Il ira indifféremment à tous ceux qui la lui promettront ou qu'il croira capable de la réaliser. Et sa tendresse pour les Visconti vient de ce qu'il voyait dans leur ambition et dans leur force, une possibilité d'union, de fédération italienne. Pape, empereur, archevêque ou condottiere, tout lui est bon pour instaurer l'autonomie municipale.

Car c'est cette autonomie que réclame l'Italie, par la voix de Pétrarque. Depuis la descente d'Othon, l'Italie n'a cessé de la chercher et de déchirer son sein pour l'obtenir. Pendant deux cents ans encore, elle se débattra dans les chaînes qu'on lui impose. Mais c'est au milieu du xvi° siècle qu'elle trouva l'homme de génie qui parla pour elle. Les uns demandent cette indépendance à la tutelle pontificale, les autres à la puissance militaire impériale, mais tous la veulent avec frénésie.

Certes, d'autres, avant Pétrarque, avaient réclamé la liberté. Mais toujours imparfaitement et sans accord complet avec les aspirations du peuple. Tholomée de Lucques, achevant la pensée de saint Thomas, proclamait la nécessité d'un monarque qui serait le pape. Dante formula la réponse gibeline à cette théorie en disant : Oui, une monarchie, mais civile. Et il va plus loin : « J'accepte, certes, les progrès de la démocratie guelfe, je ne renie rien du passé. Ce que je veux, c'est, avec toutes nos franchises particulières, la légalité germanique dépouillée de la barbarie féodale. » Et Dante demande un Empire, mais un Empire fédéral.

Pétrarque eut la gloire de voir encore plus loin que Dante, qui s'était arrêté à mi-chemin. Demander la fédération, en 1300, seul le génie de Dante pouvait concevoir cette formule audacieuse. Il eut le tort de ne pas achever sa pensée que Pétrarque, cinquante ans plus tard, complètera. L'œuvre de ce dernier n'est qu'un long cri d'amour, un hymne à l'autonomie communale. Et c'est en cela qu'il résuma le sentiment italien.

Grâce à lui, l'Italie, épuisée par les guerres impériales, harassée par ces luttes intestines, écœurée des mille ambitions qui naissaient des troubles, prit conscience de ses actes et sut enfin à quoi tendaient ses convulsions.

> Liberta dolce e disiato bene !
> Mal conosciuto a chi talor no'l perde.

Ces deux vers de Pétrarque renferment toute l'Italie du moyen âge et de la Renaissance. Elle avait connu la liberté, et se lamentait de ne plus goûter la saveur de ce bien précieux. Elle la chercha pendant sept cents ans, au milieu des plus admirables révolutions. Et lorsque Pétrarque mourut, elle frémit tout entière. Quatre ans après éclatait le grand schisme qui réalisait enfin la colère italienne. Puisque l'Empereur l'abandonnait, elle réclama un Pape qui en remplît le rôle et imposa Urbain VI. Le grand schisme était

Pétrarque, dans sa tombe d'Arqua, dut frémir de joie en voyant le réveil de son peuple, s'il était mort découragé :

« Dieu seul, disait-il, est capable de guérir les cœurs, et d'arrêter le sang qui coule à flots sous l'épée de l'étranger. »

*
* *

Est-ce là tout ce que dit Pétrarque ? Quelle vanité, quel jeu stérile, d'interroger le passé, si l'on n'en tire aucun enseignement contemporain, aucune vision de l'avenir ! Ce que Pétrarque ajoute, je crois bien l'entendre. Poursuivons notre course ; la vérité est près d'ici, elle me fait signe ; elle me tend la main...

Je ne puis la saisir encore — et je ne l'ose. Les Français durent descendre par trois fois en Italie pour en comprendre la leçon. Laissons le temps mûrir nos fruits. Bientôt, dans quelques mois, je reviendrai. Avant de toucher à la Rome terrible, je parcourrai encore une fois la terre sacrée des villes insurgées contre elle ou broyées sous son poing. Je leur deman-

derai des preuves nouvelles de ce que je crois,
dès aujourd'hui, pressentir. La Vénus florentine m'a confié son ceste pour que j'en dé-
nombre les joyaux. Je demanderai à la Vénus
vénitienne de me laisser inventorier ses pierreries. Si l'Aphrodite des lagunes, un soir où
je foulerai le marbre ardent de la Piazzetta me
jette une ceinture pareille à celle que l'Aphrodite de l'Arno me tendit, l'autre matin, à travers les arcades du Ponte-Vecchio, alors je
pourrai conclure. Une dernière fois, j'interro-
gerai Pétrarque. J'irai, à travers les monts Euganéens, m'incliner sur la tombe de l'apôtre,
l'enfant d'Arezzo, l'homme d'Avignon, le vieillard d'Arqua, le citoyen de toute l'Italie. Arqua-Petrarca, village oublié, dédaigné, où repose, sur une place déserte, celui dont le génie
me paraît brûler encore dans l'âme de tous les
sujets du savoisien. La Mecque, Compostelle,
Westminster, Panthéon, qu'avez-vous donc de
plus ? Penché sur le marbre, je demanderai à
Pétrarque sa dernière leçon — je lui demanderai si ses gestes héroïques, ses cris furieux, ses
colères, ses supplications et ses larmes ont obtenu enfin ce qu'il réclamait. Dans sa petite

maison d'Arqua, à la veille de mourir, Pétrarque caressait son Homère qu'il ne pouvait lire.
Du fond de sa tombe, les mains raidies, il voit
encore ses enfants. Leur sourit-il enfin ?

VÉNÉTIE

A mon frère Pierre.

I

LE SECOND PAS

Lecco.

« Si l'on m'eût traîné à Rome sur la roue d'Ixion, je ne me serais pas plaint. »

Chaque fois que je cherche l'image qui préciserait le mieux ma joie au moment où je pose le pied sur la rive de Lecco, c'est ce mot de Goethe qui me revient à l'esprit. Les mois ont passé depuis ma première descente. Ils n'ont fait qu'aviver mes regrets et mes desirs, mon allégresse et mon envie. Ceux qui se mettaient en route, autrefois, vers les lieux saints, ne devaient pas, j'en suis sûr, brûler d'une ardeur plus vive et la prestigieuse Jérusalem ne pouvait pas leur apparaître dans plus de gloire que je ne vois à l'horizon, au bout de mon chemin, la « République de castors », cette Venise radieuse que Montesquieu rabaisse injustement ainsi.

Je ne retrouverai pas la fraîcheur de mes impressions toscanes, l'émerveillement délicieux du premier séjour, l'ébahissement devant tant de beautés, prédites mais non prévues si belles. Je sais maintenant vers quoi je vais, prêt à tout. Et c'est une gravité confiante, une assurance avertie, une sorte de touchante et ridicule vanité d'homme instruit des choses, qui perce sous ma joie sincère.

La route que je me suis tracée se déroule devant moi. Elle serpente au pied des Alpes, paresseuse et rapide à la fois, au gré de ma hâte et de ma curiosité. Voici que s'étend la ceinture mythique, dont les bijoux rivalisent de feux pour lutter à qui me captivera le plus. Bergame où Lotto et la chapelle Colleone me sourient de toute leur grâce et de tout leur éclat. Brescia où la mélancolique noblesse de

Moretto semble le fruit des massacres auxquels la légende et la science doivent Tartaglia. Vérone où je rencontrerai l'ombre désabusée d'un grand celte venu pour séduire des rois, qu'il conquit, la grande âme enfin détendue du vicomte de Chateaubriand. Vicence où m'attendent les sourires de la villa Valmarana, la sérénité, grave, noble, de celui qui réalisa exactement l'idée de renaissance, l'architecte du théâtre olympique, Palladio. Padoue où j'ai donné rendez-vous à tous mes souvenirs florentins, à mes souvenirs ombriens, à Giotto, le maître de tous les maîtres, l'ancêtre unique de tous les peintres, le Giotto de Santa Croce et de San Francesco. Mantoue où je verrai se décomposer dans la moisissure des choses et le mauvais goût des artistes, l'art sublime et pur de Michel-Ange et de Raphaël, tombé entre les mains des Gonzague et des élèves de Jules Romain, mangé des moustiques et des vers. Arqua enfin, Arqua-Petrarca où dort, dans la paix euganéenne, la farouche conscience italienne de Pétrarque. Venise ! Alors j'irai rêver sur tes lagunes, au bercement de tes gondoles, j'irai rêver à tous ces morts, immortels comme toi et qui gardent, dans le cadre modeste de leur petite ville, autant de beauté, de rayonnement, si ce n'est de splendeur, que tu m'en offriras ! Ne les retrouverai-je pas, d'ailleurs, auprès de toi, dans ton sein avide et généreux ? San Giorgio Maggiore achèvera la leçon de Vicence, le palais Labia me redira la chanson de la villa Valmarana, les Frari sonneront la cloche gothique entendue à Vérone, Verocchio et son condottiere me ramèneront sur la colline bergamasque où se repose enfin Colleone. Ayant possédé, grâce à son ceste qu'elle me confia et dont je dénombrerai les joyaux, l'Aphrodite des lagunes, je bouclerai la ceinture sur les reins divins, et repasserai encore une fois ces Alpes sereines dont les cimes blanches frappées du soleil sourient à ma fièvre, au bord de ce lac où je m'attarde un instant, dont Bellagio est la fadeur et Côme la noblesse.

Je sais bien qu'à l'encontre de Florence, qui sema si généreusement son grain sur les terres de son domaine, Venise reçut plutôt les boues sacrées qui fertilisèrent le sol de ses lagunes. Le vent des tempêtes italiennes porta jusqu'aux bords de l'Adriatique le pollen florentin et les Bellini germèrent, Jacopo, l'élève de Gentile da Fabriano, Giovanni le maître de Titien. Et si la chapelle Colleone de Bergame me rapelle la façade de San Bernardino à Pérouse, si la seigneurie désireuse de glorifier Gattamelata dut appeler Donatello, si Sansovino vint de Florence, vais-je frémir sur la terre ferme de Venise aussi purement que j'exultais sur la terre toscane ?

J'ai voulu m'assurer l'ivresse en interrogeant avant de la fouler, cette terre capiteuse. Et j'ai trouvé que ses fleurs, les plus belles du moins, n'y poussèrent point naturellement. Elles furent transplantées, acclimatées. Comme à Rome, l'art de la Renaissance est, ici, d'origine florentine. Ce sont donc encore des témoignages de la grandeur toscane que je vais retrouver. Ma première descente va se prolonger en une seconde période d'un même voyage. Ne suis-je point toujours dans le beau pays où le *si* résonne ? Ne vais-je pas rencontrer sur la Piazza delle Erbe et devant le Santo, le sublime exilé, hôte errant des Scala et des Carrara ?

Pourquoi n'ai-je pas, cette fois comme l'autre, mis Dante dans mon sac ? J'aimais tant, le soir, à le lire au hasard de ses imprécations ! Tandis que j'errais dans Pistoia ou dans Lucca, les vers dont il marqua ces villes enragées chantaient dans ma mémoire, assez boiteuse pour me laisser la joie de la lutte et de la victoire. Pourquoi Dante ne compte-t-il point parmi mes bagages ?

J'ai craint son empire. Il a trop fixé mes regards sur ses douleurs et ses haines, sur ses amitiés et ses joies. Les exploits qu'il chanta m'ont presque exclusivement retenu. A son appel j'ai regardé s'entr'égorger Guelfes et Gibelins. C'est à peine si j'ai pu me dégager des Noirs et des Blancs pour me hausser, à Pistoia, jusqu'à la formule générale des deux sectes. Et lorsque j'ai voulu saisir le sens complet, rechercher la continuité de ces discordes, qui ne pouvaient tomber du ciel non plus qu'y remonter d'un même élan, c'est à Pétrarque qu'il m'a fallu demander cet enchaînement et cette philosophie.

Sur cette terre ferme de Venise où Dante ne posa qu'un pied exilé, je me dégagerai plus facilement de sa sujétion. Il ne s'impose point ici comme en sa Toscane, où jusqu'à l'évasion vous ramène à lui : lorsque je me réfugiais dans l'art pour lui échapper, n'était-ce point Giotto, son ami, que je rencontrais, impérieux ? En Vénétie, les sauvages fureurs que l'infernal poète célébra ne seront plus seules à paraître devant moi. L'esprit libre de sa contrainte, je pourrai regarder autour du Poème, compléter mon édification par l'étude de ce qui précéda, et suivit, ce qu'il fixa exclusivement dans la mémoire des hommes. L'histoire de l'Italie est longue, si elle est une. Ses périodes sont diverses, si elles sont nettes et claires. Elles ont toutes leur signification précise, d'importance égale. L'idéal rêvé par Pétrarque n'était pas construit sur une seule, fruit de l'émoi passager, de la colère ou de l'attendrissement. Tout le passé de l'Italie avait concouru à engendrer la pensée, réfléchie, profonde et mûre, de Pétrarque, non pas seulement la période guelfe et gibeline — et l'avenir de l'Italie semble lui avoir donné raison.

Toute les cités de la péninsule ont participé aux mêmes mouvements. La Lombardie suivit la Toscane, la Vénétie imita l'Ombrie, la Campanie elle-même entra dans la ronde; il n'est pas jusqu'à la Sicile et à la Sardaigne qui n'aient été agitées des mêmes convulsions, qui n'aient passé par les mêmes phases. Je vais demander à Bergame, à Vérone, à Padoue, les leçons particulières qu'elles peuvent fournir. Je vais pouvoir serrer le problème qu'a posé Pétrarque et savoir si Pétrarque l'a résolu justement. Je demanderai, l'esprit dégagé, aux cités du nord l'enseignement personnel que chacune pourra m'apporter. Les invasions des Goths et des Lombards, la domination des évêques et celle des seigneurs, la puissance des condottieri et l'affaiblissement ou la chute des cités sont aussi importants dans l'histoire du développement italien que les luttes héroïques dont la terre toscane fournit la synthèse. Et lorsque j'irai m'incliner sur la tombe d'Arqua, il n'y aura rien de ce que me dira Pétrarque, qui savait tout, que je ne pourrai comprendre. Si les pierres des cités que Venise absorba possèdent la même voix que les villes honnies par Dante, si leur langage est le même sur d'autres évolutions politiques et sociales, si de ces murs croulants sort le même écho, je pourrai formuler ce que je pressens, ce que je n'ose encore préciser...

... Allons donc, au hasard d'une route systématique, glaner des souvenirs, moissonner de la beauté. Il y aura toujours assez de celle-ci, lorsque ceux-là manqueront. Qu'importe d'où elle vienne ! La grande plaine du Pô et de ses rivières et marécages est si grasse qu'elle a fertilisé les plants les plus divers. Lucullus y apporta le cerisier asiatique. Atticus rentra en Italie avec les chefs-d'œuvre grecs dans ses bagages. La terre italienne reçut ces présents, se les assimila et nous les rendit en saveur et en splendeur nouvelles. Sansovino plia son art toscan, qui aurait fait de lui le rival du classique Palladio, au goût somptueux des marchands vénitiens, à leur prédilection pour l'arabesque, les guirlandes et le chatoiement ; il sut garder néanmoins toute sa grâce foncière et sa finesse primitive. Cet exemple n'est-il pas significatif de la souplesse et de la fertilité de cette terre complaisante ?

Plein d'allégresse et de confiance, je quitte ces rives silencieuses. Tout sourit à mon enthousiasme et à ma fierté. Le mont Resegone semble incliner sa tête pour me souhaiter une heureuse fortune. L'Adda, avant de s'épandre dans la plaine, gazouille un adieu amical. Italie ! Italie ! femme ardente, femme rayonnante, femme aimée, j'ai franchi les Alpes pour goûter encore à tes lèvres savoureuses : donne-moi ton baiser inoublié et vivifiant.

II

COLLEONE-LE-SAGE

Bergame.

ENTEMENT, le train a festonné les derniers contreforts des Alpes. Il franchit le Brembo, et Bergame apparaît, sur un pic, noyée dans la verdure que percent gaîment des clochers roux, aigrettes ou bonnets pointus. Les remparts protecteurs d'autrefois sont couronnés d'arbres accueillants qui attestent le changement survenu chez les enfants des Soardi et des Rivoli. Osio raconte que, au temps des guerres civiles, jusqu'à la manière de se promener, de claquer les doigts, de bâiller et de couper les pommes, soit en long, soit en large, tout était signe de parti. Aujourd'hui, le *bambino* qui maraude dans les jardins de la ville basse, ne s'inquiète plus du sens dans lequel ses dents mordent au fruit, et le riche industriel de la Seriana, lorsqu'il fait son tour de ville, ne se demande pas s'il laissera connaître son opinion politique en commençant sa promenade par la gauche. Ces remparts n'abritent plus, le soir, que des amours. Colombine et Arlequin, qui parlaient le dialecte bergamasque, ont dû souvent se moquer de Truffaldin à leur faveur complaisante. Ils sont paisibles, ils sont joyeux avec calme et sérénité. Leur mission n'est-elle pas toujours tutélaire ? Ils sourient à la plaine lombarde ; ils sourient aux montagnes. Les portes et les tours s'enveloppent d'un frémissant manteau vert ; leur chair brune, qui perce au travers, est drapée comme un beau corps de campanienne. *La città alta* de Bergame, pleine d'aménité, a renoncé jusqu'à veiller sur la ville basse, bruyante et large, qui s'étend à ses pieds.

Celle-ci, lorsque je descends du train, m'accueille par le même sourire de frondaisons. Une longue avenue s'offre à mes pas, solennelle, bordée d'une double rangée d'arbres qui se rejoignent par-dessus la chaussée, comme des nefs gothiques. Pour qui a gardé de l'Italie des souvenirs plus méridionaux, ces voûtes sompteuses, mollement agitées sous le vent des montagnes, évoquent tout de suite à l'esprit notre Midi français. Lorsque Virgile couchait Tityre à l'abri d'un chêne, il les plaçait tous deux en son Mantouan, en ce nord italien toujours frais sous la pluie des Alpes, en ces plaines du Pô, du Mincio ou de l'Adda, où le foin, dit-on, se coupe jusqu'à douze fois par an. Qu'elles sont aimables, brillantes et coquettes, ces villes-sœurs, l'aînée un peu plus grave dans sa maturité et dans sa parure, la cadette aux bras ouverts, toutes deux avenantes et « braves », comme on dirait en cette Provence où elles me ramènent un instant !

Arlequin et *moussou* Pantalon, auxquels je pensais tout à l'heure, sont-ils nés ici, sur cette *Fiera* qui, chaque San Alessandro, a vu et voit peut-être encore déplier dans ses boutiques les plus beaux draps et soies d'Italie ? Ils devaient s'ébattre à l'aise parmi ce peuple trivial que Bandello nargue dans ses *Nouvelles*. Il n'est pas jusqu'à Donizetti, qui ne confirme le jugement du conteur, par son art vulgaire et braillard. Mais ce ne sont point eux que je suis venu chercher. Rien n'est plus douloureux lorsqu'on demande aux choses d'éveiller quelque sentiment élevé et pur, que l'importunité de ces rappels mesquins, de ces souvenirs un peu bas.

Lorenzo Lotto va m'en délivrer. Je le poursuis dans les trois églises pour lesquelles il a peint ses trois plus grandes œuvres. Vasari, dont le scrupule est quelquefois naïf, nous dit, voulant rester véridique, que Lotto imita pendant un temps la manière de Bellini, et prit ensuite celle de Giorgione. Si on ajoute, avec Burckhardt, que Lotto se rapproche du Corrège et qu'il s'indique comme le précurseur du Parmesan, il sera bien permis, en ce pays de la farce italienne, de conclure que voilà Lotto bien loti !

Je ne suis pas savant et ne puis affirmer que Lotto imita tant de maîtres. Il n'est pas, assurément, l'un de ceux auxquels on demande, et qui nous procurent, une exaltation, ce vertige dont on est saisi devant un Giovanni ou *le Concert*. Mais quel charme se dégage de ses vierges et de ses saints ! Toute la science picturale, Lotto la possède ; cela se voit de reste à ces clairs-obscurs si habiles et si tendres, à ce coloris d'une clarté si douce et éclatante à la fois. Cette science, il la met au service d'une âme subtile. Ses têtes ont une grâce reposée qui n'appartient qu'à lui. L'arrangement des groupes, leur rapport avec la figure centrale, est d'un agrément plein de finesse. J'aime, dans le retable de San Bartolommeo, la modestie sereine de la mère du Christ au milieu de ces saints, respectueux sans humilité. Et je verrai longtemps dans mon souvenir heureux, les anges de San Spirito.

Je me hâte pourtant, après ce salut à un peintre aimable, de gagner, par des rues enfin tortueuses et raides, la vieille cité du comte Grandulf, la ville arienne que Théodelinde saccagea. La porte San Agostino, au bout d'un chemin étroit bordé d'acacias fleuris, ouvre sa gueule noire. Je passe devant San Michele, aux fresques diluées par les pluies, je pénètre sur une grande place, où Torquato Tasso se dresse, éclatant, et je retrouve avec ivresse le spectacle familier des cités italiennes, cet ensemble majestueux et riant des monuments civiques et religieux autour desquels la vie bouillonnait.

En face, le Broletto, l'ancien palais communal, au gothique éloquent ; le Broletto est la signature de Bergame au bas du traité qui la donnait à Milan. A droite, en encoignure, une masure nue, au toit plat, persiste rageusement à défendre la personnalité primitive à côté de l'esclavage gothique, par le dessin de son escalier en échelle, par sa tour massive que décore une horloge multicolore arrachée, semble-t-il, pour être accrochée là, au dos ensoleillé de Truffaldin.

Cependant, à travers les voûtes ouvertes du Broletto, le tombeau du condottiere étincelle, Santa Maria rougeoie, et me font signe deux lions débonnaires qui portent allégrement les ogives et les clochetons du porche gothique. La place est petite, exiguë, à se cogner les coudes aux murailles. On est au fond d'un puits. L'ombre du Broletto vient se projeter jusque sur la chapelle. Le baptistère, à droite, au milieu de son petit jardin, semble seul être à l'aise. Il est fier de sa fraîcheur, de son apparente jeunesse, et, aussi, d'avoir gardé, en dépit de ce grattage récent, tout le galbe du temps où il fut construit. Tant de choses en un si petit espace ! Ce n'est pas tout, pourtant. Voici qu'à gauche un autre monument s'avance encore. Oh ! bien modestement. C'est à peine s'il ose montrer le nez de son porche ; lui aussi veut faire voir qu'il a des lions pour le défendre. Mais il se retire aussitôt, craignant d'être indiscret ; il lui suffit d'avoir signalé sa présence. Et c'est à peine s'il osera tout à l'heure murmurer : « Entrez chez moi, monsieur ; je vous ferai voir mon Bellini ! »

Tout à l'heure, mon bonhomme. Et laissant là cette cathédrale, qui mériterait mieux, je l'avoue, négligeant les marquetteries et l'ampleur assez noble des nefs de Santa Maria Maggiore, je me hâte vers le fastueux tombeau du capitaine orgueilleux.

Sous un dôme sans lourdeur, la chapelle Colleone présente une étroite façade Renaissance, très pure. Les fenêtres, rectangulaires, sont surmontées d'un petit fronton arrondi. Une rose est découpée au-dessus de la porte. Aux angles, des colonnes engagées, surmontées de clochetons. De chaque côté des frontons, des statuettes ; au-dessus, devant le dôme, dont elle cache la base, une galerie qui trahit

la main fine d'Amadeo. Le tout saupoudré
d'or, de vert, de rouge, de blanc, se mêlant,
se heurtant, semblant jouer entre eux pour
notre plaisir. Le marbre blanc de Carrare, le
marbre rouge de Sienne, le marbre vert de
Prato, se sont retrouvés ici encore, et sous le
ciseau du maître de la Chartreuse, en ce nord
gothique, c'est une joie de recevoir ce salut
toscan et pérugien. Enfantin, un peu « joujou » et mièvre, cet art de la Renaissance,
lorsqu'on le voit dans ces petits monuments ;
mais quelle grâce, quel charme, et surtout
quelle harmonie, sous ce ciel éclatant et dans
ces paysages chatoyants !

A l'intérieur, c'est une salle de palais, et
non point un asile de prière. Dieu s'en est
aperçu, car il s'est réfugié dans une rotonde,
à droite, sur un autel modeste et tapi en son
coin. Au plafond, des Tiepolo, qui ne sont
rien moins que confits ; le long des murs, des
marquetteries et des marbres. Le tombeau de
Colleone occupe tout le fond. Lui non plus ne
cherche pas à édifier. Sans doute, le sarcophage que supportent, là aussi, quatre lions,
le dos percé d'une colonne, le sarcophage est

couvert de bas-reliefs, au modelage un peu
sec, représentant des scènes de la Passion,
mais, ces scènes chrétiennes, vite, Amadeo
les a couronnées d'une frise d'enfants joufflus
et dansant au milieu de guirlandes. Colleone
avait vécu à Venise, il voulait reposer dans le
même éclat ; on se croirait ici, non dans une
sépulture, mais dans un palais du Grand
Canal.

Je regarde alors la figure farouche du condottiere dont la statue dorée surmonte le sarcophage, et me voici entraîné dans son camp.

*
* *

La famille des Colleoni était gibeline. Grave
faute en cette ville romaine, si près de Milan,
dont Bergame suivait la marche. Les Soardi
ne tardèrent pas à chasser les Colleoni, qui
se réfugièrent à la Rocca di Trezzo, sur les bords
de l'Adda. Ils n'y trouvèrent que le massacre.
Seule, la mère de Bartolommeo et celui-ci sur-
vécurent, mais pour tomber entre les mains du
tyran de Crémone.

Par miracle, ce tyran ne fit pas étrangler

Colleone. Au bout de quelque temps, même,
ne sachant qu'en faire, il le relâcha. Bartolommeo n'alla pas loin. Il entra comme page au
service du tyran de Plaisance, et à l'âge de
vingt ans il se mit à l'école de Braccio di Mon-
tone. Auprès de ce grand capitaine, Colleone
se forma et recruta bientôt pour son propre
compte. Et il se loua. Il devint le compagnon
de Carmagnola, de Francesco Gonzaga et de
Gattamelata. Nous le trouvons, entre autres, à
la tête de huit cents lances dans l'armée de
Venise, sous Sforza, contre Milan défendue
par Piccinino et Gonzaga. Pas plus que ses compagnons d'un jour, il n'était surpris de retrouver Gonzaga en face de soi, de même qu'il trouvait tout naturel de marcher à côté de Sforza,
qu'il avait combattu l'année précédente.
C'était le sort, on le sait, de tous ces braves
qui vendaient leur force sans se soucier de la
cause. Il ne paraît pas, pourtant, que Colleone
se soit distingué par des retours aussi violents
que Sforza en effectua, alors qu'accointé au
Visconti, un beau matin, pour rien, pour le
plaisir, un peu, peut-être, pour l'intimidation,
ce futur duc de Milan passa au service de

Venise. Colleone semble avoir été fidèle, autant que le métier le permettait, à la république des lagunes. Colleone était un sage.
Il n'allait pas tarder à le montrer.

Vint un jour où, ayant rétabli par le pillage
sa maison ruinée, il aspira au repos. Sans
pousser l'aversion envers son métier, au point
où, quatre cents ans plus tard, la poussera le
comte de Lauraguais qui, ayant demandé à ses
hommes, après la bataille, s'ils étaient contents
de lui, et en ayant reçu le témoignage, répon-
dit : « J'en suis bien aise ; mais, moi, je ne le
suis pas du métier que je fais, et je le quitte, »
— sans être aussi désinvolte, Colleone ne
possédait pas le feu sacré qui dévorait un Piccinino ou un Malatesta. Jeune encore, il jeta
sa lance, et, emmenant avec lui six cents vé-
térans vieillis à son service, il regagna son
pays bergamasque où on ne se proscrivait plus.

Qu'elle dut être enivrante et magnifique,
l'entrée du vieux soldat, l'enfant des exilés
d'autrefois, dans sa ville originelle, où il venait finir ses jours ! Il y vécut encore dix-huit
ans, entouré de ses vieux compagnons d'armes
et de toute une cour de savants et d'artistes.

Et afin de venger noblement sa famille déchue, il fit édifier sa chapelle, le tombeau des Colleoni qui devait, dans l'avenir, faire retentir, derrière ces remparts, ce nom seul à l'oreille des hommes. Par son testament, enfin, il léguait à la République de Venise son argenterie, ses meubles, ses chevaux et une somme de deux cent seize mille florins d'or, à charge par la seigneurie de lui élever, à Venise, une statue équestre. Nous voyons celle-ci, aujourd'hui, devant la *scuola* San Marco. Le nom de Colleone est illustre dans tout l'univers.

Voilà, assurément, une destinée moins brillante que celle d'un Sforza, qui devint duc de Milan. Piccinino, de son côté, eut Bologne. Carmagnola hésita trop longtemps à choisir son lot. Cette hésitation lui valut l'échafaud. Malatesta n'hésita pas, et l'Italie n'a jamais connu de plus grand scélérat. Colleone se retira des affaires sans vouloir pousser jusqu'à un trône. Nous devons admirer sa modération. Mais n'est-ce pas lui faire un mérite d'avoir simplement manqué d'audace ou de génie ? Jugeons-en.

Rien n'était plus facile, en réalité, aux *con-*

dottieri, que de s'emparer des pays qu'ils défendaient à gage. Tirons la philosophie des faits, faisons ressortir l'action sociale des bandes mercenaires, et nous verrons qu'un Sforza, par exemple, devait nécessairement s'emparer de Milan. Cela était juste, d'abord. L'ambition de Milan avait été l'une des causes qui firent pousser le condottiere sur le sol italien. Il était juste que le condottiere devînt maître de Milan. Mais ce n'est pas tout.

Quand Colleone regagna Bergame, il y avait tout près de trente ans que Bergame, achetée par Venise, avait cessé de se déchirer le sein. Le cycle des factions intestines se fermait. Il en était, ou allait en être à peu près partout ainsi. Les villes harassées s'étaient d'abord endormies sous la main douce et hypocrite des seigneurs. Ceux-ci, fils d'anciens tyrans ou podestats, avaient compris que la seule façon de se maintenir était de louvoyer entre les factions, de se poser en arbitre impartial. Aussitôt, le peuple de hausser le seigneur à un autre rôle. Par la force de la conscience italienne, le seigneur devient le défenseur des libertés civiques de chaque cité, contre l'Empereur, contre le

Pape, toujours craints. Il représente l'indépendance et la liberté. Et, portés par les villes, les seigneurs se soutiennent entre eux. Pour la première fois, on ne se dispute pas entre cités ni dans les cités.

Le peuple respire. N'a-t-il pas son autonomie ? Sans doute, si Milan n'avait point convoité les petites républiques, l'ambition impériale ou simplement les exactions, déjà assez fortes, des seigneurs, auraient déchaîné des révolutions nouvelles. Et, soit le peuple, soit le seigneur, auraient appelé les bandes de gens d'armes. Ce fut Milan, en tout cas, qui en précipita la désolation. Pour se défendre contre Visconti, ou pour aider celui-ci à conquérir l'Italie, les seigneurs appellent le condottiere ; ils appellent même l'Empereur, ce condottiere qui a réussi. Toujours la même illusion gibeline : la guerre finie, l'Empereur repartira. D'ailleurs, comment faire ? Les seigneurs ont tenu leur promesse : ils ont donné la paix ; les citoyens des villes ne s'arment plus depuis longtemps : qui se battra pendant qu'ils vendent et labourent ? C'est le condottiere. Le peuple met en lui son espoir d'indépendance. Il met bientôt en lui tout son espoir. Et le condottiere ne tarde pas à devenir le champion des villes, des citoyens, le champion contre le conquérant, et bientôt contre le seigneur lui-même, qui, sous prétexte de payer la guerre, écrase le peuple d'impôts, l'étrangle.

Le condottiere devient l'arbitre unique et souverain de sa propre destinée. Libre à lui de s'installer à la place du seigneur. Sforza, Piccinino le firent. Pourquoi Colleone ne les imite-t-il point ? Parce qu'il a compris la vanité de cette conquête du condottiere, de cette ascension brusque, de ce gain non stipulé; il en a compris la fragilité.

Où donc, en effet, le condottiere recrute-t-il sa troupe ? Non pas chez le bourgeois, comme Rome autrefois, chez le propriétaire, chez l'artisan. Au temps des invasions barbares, on défendait son bien. Aujourd'hui, on paie pour le faire défendre. Celui qui paie ne veut pas, en plus, se battre. C'est le plus bas peuple, la lie même, sans compter les fuyards étrangers, bandits de sac et de corde, assassins et pillards, qui composent la troupe du condottiere. Ils gagnent les batailles. Ils grandissent avec leur chef et deviennent les maîtres avec lui. Une nouvelle tyrannie, dès lors, se prépare et s'impose, la plus terrible de toutes : la tyrannie militaire, qui s'exerce toujours au profit des pires, de la racaille sociale. Que risque-t-elle, elle qui n'a rien et qui peut tout?

Elle peut trop, abuse de son pouvoir, et l'artisan, qui paie, se révolte un beau jour. Admirable énergie, toujours vivace et renaissante, du sentiment italien ! Sous la botte militaire, les cités se redressent et, par le jeu de bascule éternel, mathématique, pour ainsi dire, chez elles, elles se tournent vers celui qu'elles viennent d'abattre : le seigneur. Il les a délivrées d'un tyran factieux et intestin. Le condottiere les a délivrées de lui. Qu'il les délivre à son tour du condottiere ! Celui qui avait déjà fait son nid n'eut aucun scrupule. L'un chassa, l'autre égorgea ses anciens compagnons, jusqu'au jour prochain où le roi de France et Charles-Quint écraseront ceux qui veulent résister et feront des autres leurs valets.

Colleone jugea qu'il avait assez fait en relevant sa maison. Instruit par le passé des siens, il ne voulut pas que ses descendants revissent les jours abominables que sa jeunesse avait connus. L'invasion de 1494 n'est pas assez éloignée de lui pour qu'un esprit avisé ne puisse la prévoir. Ce n'est que cinquante ans après la mort de Colleone que Charles-Quint acquit définitivement l'Italie. Lorsque Colleone prend sa retraite, déjà tout le nord est entre les mains de Venise, sauf Milan.

Tiraillées entre Venise et Milan, tiraillées entre ces deux puissances qui avaient déchaîné les *condottieri*, pressurées par leur seigneur et ravagées par leurs soldats, exténuées par des siècles de luttes, les villes sont à bout, crèvent de faim et de vermine. Il ne leur reste plus qu'une ressource : se vendre. Venise les achète et leur donne la sécurité. Sans doute, le lion de saint Marc se dresse sur la place ; mais la seigneurie sait répandre la prospérité. On travaille pour elle, et dur, mais on est bien payé. Et on a la paix. Les cités s'endorment dans la béatitude du bien-être et des profits. Colleone les voit, et il juge qu'il est sage de faire comme elles, au lieu de courir de plus longues aventures, de chercher un trône que personne n'aura intérêt à lui conserver, et qui fera envie à tout le monde. Dédaigneux des fausses grandeurs, des éphémères royaumes, il surveille la construction de son tombeau, met ordre à sa gloire, partage son temps « entre les exercices pieux et les exercices militaires, entouré de sa double milice de guerriers et de moines, sa vieille et sa jeune garde, qui lui représentent ses souvenirs et ses espérances », et attend paisiblement, pour mourir, qu'Amadeo ait terminé son œuvre.

Six mois après l'achèvement de sa chapelle, Colleone-le-Sage consentait à mourir.

III

LA LEÇON DE SOLFÉRINO

Brescia.

Comme Bergame, Brescia est bâtie au pied des
derniers contreforts des Alpes, et comme
Bergame, elle a donné son nom aux montagnes
qui la protègent et la fertilisent de leurs eaux
vives. Les Alpes bresciannes sont aussi fières,
aussi épanouies que les Alpes bergamasques.
La citadelle qui s'est plantée sur le dernier
des pics brescians ne participe en rien, pourtant, de la grâce de la *citta alta*. Et la ville qui
s'étend à ses pieds, aux rues étroites, aux maisons qui s'écrasent l'une contre l'autre, n'accueille le voyageur par aucun sourire. Le dôme
de la cathédrale et la tour du peuple, qui flan-
que le Broletto, sont les seules pointes qui émer-
gent de ces toits pressés ; rien ne les enveloppe de bonne grâce. Brescia est rude et

sévère. Elle possède des façons distantes et
revêches, — qui m'attirent. J'aime, par-dessus toutes, les natures farouches, celles dont
il faut forcer l'amitié, dont il faut violer l'entrée pour les connaître et les aimer. Pour
avancer dans cette ville, il faut lancer ses
pas avec persévérance et ténacité. Lorsqu'on
l'a parcourue, on éprouve à son endroit l'es-
time réfléchie et profonde que l'on nourrit pour
les hommes discrets dont on a voulu pénétrer
le mystère.

Ainsi que je le fis systématiquement en
Toscane, c'est du cœur même de la cité que
je veux partir à cette conquête. Un tramway
cahotant me mène rapidement à la Piazza
Vecchia. Et, tout de suite, je me familiarise
avec les êtres et les choses. D'un petit air
entendu, je regarde l'ordonnance des maisons,
où les monuments nécessaires se disposent
selon la loi immuable des centres civiques
italiens. Le municipe et les archives sont au
fond, en face de la tour de l'horloge ; à gauche,
les anciennes prisons, fleuries d'une *loggetta*.
Et dès lors, je me sens chez moi, je m'assure
posséder déjà la ville entière, je suis sûr de la

lire à mon gré. L'âme légère, indulgente et amicale, je m'avance lentement, comme un homme qui, ayant la clef en main, ne se hâte plus de franchir le seuil.

Le *municipio*, isolé, domine toute la place de sa grâce et de son éclat pacifique. Lorsqu'il fut bâti, au commencement du xvi° siècle, Brescia avait cessé ses luttes intestines ou étrangères. Il sortait à peine de terre lorsque Gaston de Foix saccagea la ville et marqua, pour la postérité, le visage d'un enfant du surnom de Tartaglia (celui qui bégaie) en lui fendant la bouche jusqu'aux oreilles. Le *municipio* présente aux yeux un rez-de-chaussée à galerie ouverte, sur trois rangs séparés par de lourds piliers, qu'enlèvent des colonnes corinthiennes, et dont les arcades sont flanquées de bustes dans des lunettes. Au-dessus des cintres, une galerie forme la base de l'étage supérieur qui est en retrait. Que j'aimerais à le voir, cet étage, avec ses fenêtres si pures, où la main de Palladio se devine, sa frise d'enfants par Sansovino, que j'aimerais à le voir sous la seule protection de sa corniche à galerie, piquée de statues!

Le xviiie siècle, ici comme dans le monde
entier, a déshonoré l'œuvre pure de la Renaissance, en la couronnant d'un fronton dont
l'inutilité le dispute à la laideur et au ridicule.
Rabaissant la pointe de mon chapeau, je cache
à ma vue ce fronton importun et je me laisse
emplir de la joie grave que la moindre œuvre
de Palladio procure à tous ceux que l'art
antique peut émouvoir. Peut-être, sans ce
fronton, cette partie supérieure du palais
serait-elle un peu basse ; et ceux qui le sura-
joutèrent durent avoir la pensée d'enlever
tout l'étage. Ils l'écrasèrent au contraire ; et
lorsque Palladio surmonta de statues la galerie de la corniche, la flanqua de deux colonnes
pyramidales, il entendait bien que ces marbres rempliraient cet office d'allégement.
Voici le monument d'une ville qui se repose
enfin, et toute à la joie de la prospérité,
qui s'annonce dans le développement de ses
qualités laborieuses, énergiques et fières.
Brescia, l'enragée d'autrefois, a dérivé sur la
manufacture des armes de guerre ses forces
sanguinaires, qui lui profitent maintenant dans
la paix.

La petite *loggetta* des *prigioni* pâlit bien un peu auprès de ce municipe. Regardons-la, pourtant. Elle est l'un des témoins, rares aujourd'hui, de la première Renaissance, née si spontanée et si libre. Le décor en est un peu chargé, Venise a dû passer par là et inspirer ce petit balcon central, ainsi que cette frise. Mais elle possède ce charme indéfinissable des choses qui balbutient, qui n'osent encore se risquer à l'éloquence. Cette *loggetta* prédit Palladio, comme le dôme de Brunellesco annonça le dôme de Bramante.

Portant mes pas assurés sous les arcades, je gagne aussitôt la place de la cathédrale. Cette cathédrale date aussi des temps reposés, des temps corrompus par une trop longue sécurité. Le style baroque est ce qui choque le plus en ces villes si âpres. Trop de fleurs ! trop de placages chantournés. On rit trop ici, comme dans une maison en deuil, lorsque, après la cérémonie funèbre, on dresse la table et on sourit au dessert, là où le mort d'aujourd'hui s'asseyait hier. La vraie cathédrale de Brescia, ce n'est pas ce dôme rutilant et massif, mais bien, à sa droite, tapie en contre-bas, tournant le dos à la place, comme si elle était choquée par tant de faste en ces lieux, la vieille rotonde, le *Duomo Vecchio* qui ferme impitoyablement ses grilles.

Pour y pénétrer, il faut demander la permission à la prudente et jalouse cathédrale. A l'intérieur de celle-ci un escalier conduit à la vieille église. Est-ce là que Tartaglia fut frappé sur les bras de sa mère ? Est-ce là qu'Arnaud venait prier et demander à Dieu de lui accorder pour rien sa miséricorde, puisque les Papes la vendaient ? Il s'en souviendra. La solitude de cette nécropole est poignante et noble. Qu'elle est solitaire, et que de dignité ! Alors que, déjà, on vient de descendre, une fois dans l'église il faut descendre encore. Sous la coupole, le sol s'abaisse brusquement, creusé comme un vaste puits, quelque fantastique baptistère où l'on pourrait rendre chrétiens tous les enfants de la ville à la fois. Autour de ce cirque règne une galerie à arcades offrant des fuites de chapelles, des échappées d'autels croulants, des visions fugitives de fresques effacées, de tableaux mangés ; le jour tombant d'en haut éclaire cette

fantasmagorie d'ombres louches. Un silence
sépulcral m'enveloppe. J'ai la sensation d'être
dans quelque tombe, celle où dort Charlemagne : la porte du caveau doit être à ma
droite... Et il me faut lever les yeux vers la
partie la moins basse de l'église, celle qui
est encore parée, dans le goût de l'autre, l'orgueilleuse d'à côté, pour me convaincre que
la vie est près de moi. La Brescia du municipe
ne pourrait plus prier ici, dans cet air funèbre, sous cette coupole écrasante, au fond de
ce puits. La vieille église, comme un prince
exilé, fier dans sa misère et sa chute, et qui
meurt sans bruit ni regrets, la vieille église,
drapée dans ses souvenirs, ferme sa porte au
monde, vit dans le silence auguste de son
passé, ne daigne même pas regarder, je le
sens, ceux qui comme moi la visitent avec
attendrissement et respect.

Le *Broletto* dresse ses murailles brunes et
sa tour primitive, en pendant à la vieille et
touchante rotonde. Sa cour, moitié ancienne,
moitié Renaissance, possède encore quelque
grandeur. Il faut la traverser pour se rendre
aux ruines pittoresques de l'ancien temple

romain où l'on conserve pieusement, derrière un mur de brique, sur lequel se détachent des fûts de colonnes encore solennels, quelques reliques trouvées dans le sol brescian, et, surtout, une admirable Victoire ailée, en bronze, l'une des œuvres les plus précieuses de la statuaire antique, Victoire au geste que nous connaissons, au geste mémorable de la main droite écrivant sur le bouclier que la main gauche soutient et que porte le genou relevé.

Cette statue et ce temple attestent l'antiquité de cette ville et donnent une ferme assise à ma curiosité d'histoire et de mœurs. Avant les temps héroïques qui me touchent le plus, Brescia fut grande et prospère. Rome en fit le centre envié de ses colons.

Le *museo christiano* avec ses souvenirs des Lombards et des rois, des temps de Béranger et de Mathilde, est la chaîne qui relie la vieille Brixia des Celtes à la Brescia des deux petits palais où Moretto, que je vais poursuivre maintenant, là et dans les autres églises, dont il est la seule beauté, règne et chante sa chanson grise.

C'est l'un des charmes de ces voyages en

Italie, que la rencontre, dans tel endroit précis, de tel artiste et de son œuvre que l'on
chercherait ailleurs en vain. Les cités d'Italie
eurent une vie si personnelle, si particulière,
que le sol de chacune fleurit toujours d'une
originalité propre. Elles furent, de plus, assez
vivantes pour retenir dans leur sein et le faire
subsister, l'enfant de génie que cette originalité a produit. Lucca a Civitali, Pise se glorifie
de Niccola Pisano, Bergame possède Lorenzo
Lotto, à Vicence je verrai Palladio, à Padoue
Mantegna ; Brescia détient toute l'œuvre, ou
à peu près, d'Alessandro Bonvicino. Elle est
la ville de Moretto. Ses six ou sept églises
contiennent chacune au moins deux tableaux
de ce maître, à qui il ne manqua peut-être que
d'être né à Venise pour s'appeler Palma ou
Titien. Quant aux musées, on ne compte
plus les Moretto qu'ils révèlent.

De toutes ces vierges et de tous ces saints que
je viens de contempler, je retiens d'abord la
teinte grise, argentée, sous laquelle perce un
éclat de coloris qui ne le cède à aucun, et
qui est la marque même de Moretto, sa signature. Puis, si je m'efforce de reconstruire en

ma mémoire ces tableaux poursuivis à travers toutes ces rues, sur toutes ces murailles, ce sont toujours des personnages aux nobles attitudes, pleins de distinction et de dignité, qui se dressent devant moi. Que ce soient les saints, entourant la Vierge, couronnée, de Saint Nazaire-et Saint Celse, que ce soit la Vierge sur des nuages du palais Martinengo où le portrait du palais Tosio, je trouve à toutes ces figures une majesté dans la force et la beauté qui s'allie aux plus nobles attitudes, choisies avec le goût le plus profond et le plus juste.

Et, sur tout cela, est-ce l'effet de cette teinte grise ? une distinction générale qui ferait de Moretto, aujourd'hui, le peintre de toutes les américaines avides de se « raciner ».

Moretto a pris à Romanino le coloris des maîtres vénitiens, dont l'école de Brescia est l'héritière. Il a demandé à son maître les formes amples, cette décoration imposante et large, et jusqu'à ce coloris audacieux. Mais entre le tableau de San Francesco et celui de Saint Clément, il y a toute la différence que l'on constate entre l'instinct et la raison, lorsqu'ils engendrent les mêmes actes. Le même résultat ne vient pas du même élan.

Et si j'appliquais à ces deux peintres la méthode scientifique que Taine suivit sur cette terre même, je verrais en Romanino le fils de l'ancienne Brescia, en Moretto l'enfant de la nouvelle. Brescia succombe pour avoir trop vaincu. Elle se précipite dans les bras de Venise, et, une fois sous cet abri, elle n'en veut plus sortir. La fureur qu'elle employait autrefois à rester indépendante, elle l'applique maintenant à résister à Louis XII et à Maximilien qui veulent la délivrer de la République. Elle apporte dans cette défense en faveur de la servitude, la même violence qu'elle apportait à ne point se soumettre. La mélancolie de Moretto n'est pas le regret du passé, mais le souvenir attendri de ceux qui, acceptant la sujétion, se contentent de rêver aux jours passés, qu'ils ne regrettent point, s'ils y songent avec un orgueil pacifique. Ils ne refusent point cette gloire tout en se refusant à la renouveler.

Ainsi que toutes ses sœurs, Brescia a longtemps lutté contre ceux, voisins ou barbares, qui voulaient la prendre. Elle a lutté avec une férocité dont je ne retrouve d'exemple que dans la Lucca toscane. C'est le même dérèglement apparent, c'est la même volonté infrangible. Il est cependant un moment où Brescia atteint au plus fort de sa violence. Moment capital dans l'histoire des cités italiennes, moment le plus édifiant chez elle, pour les enseignements que je cherche à tirer de mon vagabondage.

***

La ligue lombarde a chassé l'empereur. Les villes vont pouvoir se développer librement, ainsi que le traité de Constance leur en reconnaît le droit. Un nouveau danger, pourtant, les menace. La cité est indépendante et se meut, certes, à son gré. Mais elle est restée confinée dans ses murs. La campagne, dont la ville a besoin pour se nourrir et prospérer, est couverte d'un réseau de châteaux et de forteresses. L'empereur vaincu n'a pu chasser les nobles de tout poil que les invasions lombardes, franques et allemandes ont laissés sur cette riche contrée. Il faut, à tout prix, que la ville se rende maîtresse des châteaux, annihile du moins la puissance des châtelains. L'effort est grand. Elle le fait. Mais dans quelle proportion les cités se partageront-elles les forteresses qui parsèment les champs ? Voici un château qui est aussi près de Bergame que de Brescia. A qui appartiendra-t-il ? Les rivalités entre villes recommencent. Et les nobles en profitent. Ils se mettent, au hasard de leurs intérêts ou de leurs passions, sous la protection de l'une, pour échapper à l'autre.

Surgit bientôt une complication nouvelle. Les villages, les bourgs, au milieu ou à côté desquels sont bâtis les châteaux, veulent imiter les villes et sont les premiers à attaquer le seigneur. Pourquoi laisser prendre par Brescia ou par Vérone ce qu'on a sous la main ? Et les nobles doivent demander aux cités leur appui. Ils aiment mieux la tyrannie de la ville lointaine, que celle du bourg prochain. Toujours la grande illusion gibeline, qui appelait l'empereur contre les rois ou contre le pape. Grand sentiment de la liberté, impérissable, toujours rencontré sous la pioche, dès que l'on frappe ce sol chaleureux. La liberté à tout prix,

— fût-ce au prix d'une servitude, que l'on saura bien rendre passagère, dont on se délivrera plus tard, s'il le faut. Courons au plus pressé ! Appelons l'empereur, appelons la cité ! Et les Brusati vendent leurs fiefs de Volpino, de Cerretillo, de Coalino, à Bergame voisine, tandis que les Calepio de Bergame vendent à Brescia les fiefs de Calepio, de Merlo et de Sarnico.

La guerre contre les châteaux se termine ainsi : les nobles deviennent les alliés des villes ; mieux, leurs serviteurs. Ils se font leurs capitaines, et leur conquièrent des territoires. Mais les villes entendent les surveiller. Elles leur imposent de séjourner dans la cité, de vivre au milieu des citoyens. On ne veut pas qu'ils reprennent la campagne : ils en profiteraient pour reprendre en même temps leur pouvoir. Et voilà les nobles vivant au milieu du peuple, qu'ils méprisent, dont ils ne se font les alliés que pour échapper à une autre domination. Ils ont choisi leur maître, mais c'est un maître. Ils sont impatients de ce joug. Sans armes et sans troupes, comment s'en délivreront-ils ? En devenant les maîtres, à leur tour,

dans les villes où ils sont prisonniers. N'est-il
pas logique qu'eux, oisifs, intelligents, habitués
au commandement, dirigent les affaires de
tous? Le patrimoine municipal est commun à
eux et au peuple, depuis qu'ils vivent dans les
murs. Ils ont du prestige; on les écoute, on
les admet dans le conseil; peu à peu ils grandissent, et, quand ils sont assez forts, ils en-
traînent les villes dans leurs vieilles querelles.

L'ancienne inimitié, qui n'est même pas
éteinte entre les villes du royaume lombard et
les villes romaines — entre Milan et Pavie,
par exemple — subsiste encore bien plus entre
les nobles de différentes souches, soit qu'ils
sortent de la guerre contre les rois, soit qu'ils
viennent des cités romaines, émergés du flot
démocratique. D'ailleurs, dans ces villes romaines, comme est Brescia, ne sont-ils pas
foncièrement ennemis de toute démocratie, de
toute liberté ? Et les voilà qui, naturellement,
lorsqu'ils sont puissants dans les villes, font
tous leurs efforts pour empêcher celles-ci de
marcher contre les derniers remparts du
royaume.

Nulle part plus qu'à Brescia cette lutte ne fut

violente. C'est une fureur sauvage qui brise
tout, emporte tout, noie tout. Lorsque Brescia
s'aperçoit que les nobles qu'elle a recueillis
veulent l'empêcher de marcher au secours de
Milan, elle les chasse. Les nobles reprennent
la campagne. Ils y forment la compagnie de
Saint Faustin où les Colalto, les Martinengo
d'Asola, les Griffi, les Confalonieri, reconsti-
tuent les vieilles bandes féodales des temps héroïques de Béranger, de Conrad II et de Mathilde. Le pape, bon apôtre, veut mettre la
paix. Il envoie un légat qui impose la trêve.
Les nobles rentrent tous dans Brescia — et
massacrent les citoyens. Les voilà maîtres de
la ville, dont ils font un château fort. Pas pour
longtemps. Ils ne peuvent commander, tous à
la fois. La guerre recommence, dans la ville,
entre les nobles. Mais les citoyens possèdent
une force que l'on peut utiliser, et aussitôt un
parti de noblesse démocratique se forme contre les nobles sans alliance. C'est le chaos. Chassés, repris, rechassés, reçus et repoussés cent
fois, les nobles voient enfin leurs palais rasés
par le peuple qui, s'apercevant qu'il n'est que
l'enjeu, même de ceux qu'il aide, met tout le

monde d'accord en jetant tout le monde dehors.
Les nobles alors se réconcilient entre eux,
forment une nouvelle compagnie, dite de la
Bucella, assiègent Brescia qu'ils reprennent
une dernière fois.

Est-ce fini ? Brescia est donc vaincue ? At-
tendez. Le sentiment de liberté est toujours là.
C'est lui qui dirige tous ces coups, incohérents
en apparence, si harmonieux en réalité. Les
nobles se réinstallent. Le peuple les accepte ;
que va-t-il en faire ? Il va se les assimiler, les
lier à sa liberté par leur intérêt. Qu'y a-t-il, en
effet, à la base de ces querelles sanguinaires ?
On l'a vu tout à l'heure ; le besoin des villes
de prospérer par le travail, et de manger. En
cette grasse terre ferme, les champs sont les
premiers instruments de la richesse. A qui ap-
partiennent-ils ? Qui les cultivera ? Le pacte se
conclut. Les nobles donneront leur terre. Les
citoyens donneront leurs bras. Et c'est l'union
idéale du capital et du travail qui se fonde.
Travaillons ! C'est le cri de Brescia, c'est le cri
de toute l'Italie à ce moment mémorable.

Pour être sûrs de travailler en paix, pour
que les froissements quotidiens ne viennent

pas raviver des querelles meurtrières, les nobles assimilés et les artisans s'entendent pour créer dans Brescia un gouvernement indépendant. Ce maître impartial qu'ils ont refusé des mains de Barberousse, ils se le donnent eux-mêmes : c'est le podestat. Encore une fois apparaît l'éternelle pensée italienne, qui préside aux actes individuels, comme aux grands mouvements généraux de la liberté particulière et solitaire de chaque cité. Ce qu'ont voulu les artisans et les bourgeois, c'est se développer sans maître, ni étranger, ni même italien. Chaque ville veut être maîtresse de soi, et ne veut pas plus d'un seigneur qu'elle n'a voulu du roi lombard, de l'empereur allemand ou franc ; qu'elle ne voudra, lorsqu'elle se jettera dans les bras de Venise, du Visconti ou de Maximilien. Les villes courent toujours au plus pressé ; puis elles retournent à l'idéal sacré de leur indépendance et de leur liberté. Les entraves qu'elles mettent aux pieds du podestat, les précautions dont elles entourent son pouvoir, ne sont que l'expression de ce sentiment soupçonneux. Et, plus tard, lorsque ce podestat sera devenu le podestat ridicule que Boccace nous montre dans le *Décaméron,* ou le podestat-tyran, elles se débarrasseront de lui avec la même résolution qu'elles ont apportée à son installation — et au besoin appelleront l'empereur dont elles feront, après, l'affaire, pour qu'il les délivre. Ce sera l'ère des Guelfes et des Gibelins où, je l'ai vu en Toscane, le même mouvement d'indépendance et de liberté se répète, inlassablement, mathématiquement.

J'aimerais à suivre encore ici, dans ces rues si bien faites pour la guerre civile, les fureurs guelfes et gibelines, chercher la trace des Malisardi, celle d'Eccelino, de Griffo et découvrir les dernières pierres des forteresses de Pelavicino, mutilateur, empoisonneur, qui poursuivait les femmes et les enfants cachés dans les tombeaux. Jusqu'à son dernier jour Brescia apportera dans la lutte cette âpreté rageuse qui la rend si prenante et repoussante à la fois. Le cercle se ressert peu à peu ; finalement, pour échapper à Milan, Brescia se vend à Venise, à qui, loyale comme elle le fut toujours à travers toutes les apparences de traîtrise, elle restera fidèle.

*
* *

C'est au Campo Santo que j'ai voulu finir ma journée. Au bout d'une majestueuse allée de cyprès, les galeries et la rotonde étendent la richesse de leurs monuments. C'est une belle prairie piquée de croix et cerclée de marbres somptueux, à l'abri des arcades d'un cloître géant. La mémoire pleine de souvenirs, je regarde les inscriptions qui couvrent les murs ; je cherche machinalement le nom qui éveillera en moi quelques souvenirs du temps des Maggi. Et ce sont tout à coup des syllabes étrangères qui frappent mes yeux : *Lemoine, du troisième léger,... Guy de Malipois, capitaine au neuvième chasseurs...* Douloureusement retentissent ces consonnances familières. C'est ici le cimetière de Solférino. Combien des nôtres périrent non loin de cette ville, voici cinquante ans, pour la besogne de Sisyphe entreprise par Charles VIII !

Encore une fois l'Italie a appelé l'étranger pour la délivrer. En voici le plus saisissant témoignage. Les Français ont encore passé les

Alpes, comme l'empereur allemand les passa tant de fois. Sera-ce du moins la dernière descente, et l'Italie, qui dut tous ses malheurs à l'imploration de ces secours d'outre-monts, a-t-elle enfin trouvé la forme parfaite et idéale de liberté et d'indépendance qu'elle a toujours et continument cherchée? Mes frères qui reposent ici, ne se sont-ils pas trompés en unifiant l'Italie, en donnant à toutes ces cités un maître unique, descendu de la Germanie au temps des Othons? Ces morts de ma race et de mon sang frémissent-ils sous le gazon que je foule pieusement, se demandant s'ils n'ont pas besogné, s'ils ne sont pas tombés sous les balles, vainement?

IV

PAZZA PER AMORE

Vérone.

Ce matin, en ouvrant ma fenêtre, j'ai aperçu les Arènes, au sommet frappé du soleil, tandis que les grandes bouches édentées des arcades ouvraient leurs trous noirs. Seule, une femme, drapée dans un châle, mettait sa tache multicolore parmi ces ombres matinales. A ma mémoire, sont montées les périodes somptueuses et cadencées du grand celte ennuyé :

« Descendue des montagnes que baigne le lac, célèbre par un vers de Virgile et par les noms de Catulle et de Lesbie, une Tyrolienne, assise sous les arcades des Arènes, attirait les yeux. Comme Nina, *pazza per amore*, cette jolie créature, aux jupons courts, aux mules mignonnes, abandonnée du chasseur de

Monte Baldo, était si passionnée qu'elle ne voulait rien que son amour ; elle passait les nuits à attendre, et veillait jusqu'au chant du coq : sa parole était triste parce qu'elle avait traversé sa douleur. »

Qu'il dut être heureux ici, le noble vicomte de Chateaubriand, tandis qu'il besognait sa besogne la plus chère de séduction ! Et je songe alors à un autre génie qui s'exalta devant le même spectacle et qui ne trouva, pour manifester son plaisir, qu'une phrase ridicule dont je m'amuse à prononcer tout haut les mots naïfs :

« L'amphithéâtre est donc le premier monument important de l'antiquité que je voie ; qu'il est bien entretenu !... Je fus surpris de voir quelque chose de si grand, et pourtant de ne rien voir à proprement parler. »

Ce Perrichon est-il bien le même lyrique qui entra à Rome sur la roue d'Ixion et dont je me souvenais à Lecco ? Gœthe impérieux égarait son génie dans l'ivresse conquérante du Germain, despote de l'Italie. Chateaubriand baignait avec aisance son cœur latin dans l'air dont il nourrit sa jeunesse et sa maturité. L'un était conduit ici par sa volonté, et ne participait à cette grandeur que par un effort de culture. L'autre y venait poussé par son instinct, comme on va vers une mère dont on est exilé. Chateaubriand est ici chez lui ; Gœthe est invité, et son esprit pratique et sec ne voit que l'extérieur des choses dont Chateaubriand pénètre l'âme. Gœthe reste l'intendant du faste grand-ducal de Weimar, tandis que l'enfant de Combourg se retrouve aussitôt le poète des nuits romaines, alors que, tenant dans ses bras la mourante Pauline, il goûtait sciemment la splendeur des étoiles parmi les ruines du Colisée.

Ce souvenir accordé au génie, je veux à mon tour interroger la Nina d'aujourd'hui, et m'assurer que le monument antique est bien entretenu. Mais Nina, lasse d'attendre, s'est enfuie. J'aime à l'imaginer, le long de l'Adige, se dirigeant vers le Monte Baldo à la recherche de son chasseur. Je monte au haut des Arènes et, par-dessus le Castel Vecchio, il me semble l'apercevoir qui se hâte. Ses mules mignonnes soulèvent un petit nuage de poussière que le vent de ses jupons courts disperse. Que ton chasseur, Nina, t'accueille enfin !

Baissant les yeux, je regarde alors le cirque de pierre où Rome finissante retenait les peuples sous son joug, en les abreuvant de sang. Gœthe a raison, c'est très grand, et on ne voit rien — rien que des souvenirs de carnage, le spectre de la déchéance romaine.

Sur ces gradins nus et brûlants, je me sens envahi de pensers funèbres. Rien ! Je vois trop, au contraire ; mais des ruines, ruines des choses et des êtres qui ne subsistent plus que dans les évocations de notre esprit latin, où dans les inventions classiques de nos poètes et de nos artistes. Nous avons sauvé de la civilisation romaine tout ce qui méritait d'en être conservé, et ce rappel des violences sanguinaires que commettaient ceux parmi lesquels nous avons choisi Sénèque et Virgile, nous donne la pudeur d'un fils de Noé.

J'ai quitté ces aspects stériles, et je suis allé sur la *piazza delle Erbe* renouer le fil de la vie. Quelle couleur, quel éclat, quelle vibration et quelle joie ! Tout un peuple actif s'agite et crie. Autour de la fontaine, aux eaux

de laquelle préside une statue de Vérone,
sous un vêtement antique, autour de la petite
chaire civique d'où Venise, dont voici, sur
une colonne, là-haut, le Lion sévère, dictait
ses arrêts, le long des murs, débordant jusque
dans les rues qui pénètrent ce rectangle étroit,
s'ébat tout un peuple de marchands, de bim-
belotiers et de camelots, qui s'abritent sous
des tentes, dont le vent fait claquer les toiles
rouges et vertes. Au soleil ardent, devant
cet entassement d'herbes croulantes, d'étoffes
dépliées et qui secouent leurs écharpes au nez
des passants, de parures populaires faites de
verre grossier et de pierres biscornues, la
foule s'entasse bruyamment, allant des fruits
aux colliers, des cotonnades aux cuivres étin-
celants. Une petite fille aux pieds nus regarde
avec envie des perles enfilées, et rêve de leur
jeu bigarré sur son cou bronzé. Je lui en offre
quelques-unes réunies en chapelet; elle se
sauve éperdue. Sur cette terre battue par
toutes les convoitises, l'instinct populaire
n'admet pas que le bonheur puisse venir d'une
main étrangère.

Au-dessus de ce grouillement et de ces

éclats, les mêmes formes et les mêmes couleurs enluminent et animent les murs des
vieux palais. Sur la Casa Mazzanti, première
demeure des Scala, des cuisses énormes et
d'abondantes poitrines ont résisté à tous les
badigeons, à tous les ravalements, à la lèpre
elle-même, implacable aux vieilles murailles.
Est-ce Laocoon dont j'aperçois les reins levés,
ou bien quelque Armide s'offre-t-elle à Renaud?
Ces taches ne sont pas là pour amuser mon esprit,
mais pour réjouir mes yeux. Voici encore,
en face de ces nudités, d'autres fresques,
plus effacées, moins païennes aussi. On dit que
c'est la Vierge avec des saints. Ils rendent le
même service que leurs voisins, de scintillement et de gaieté. Tout ici, d'ailleurs, flam-
boie. La Casa dei Mercanti rutile de toute sa
restauration, la tour de l'horloge incendie
sous le soleil ses quatre-vingt mètres de pierre
rousse.

Et cette foule bigarrée, ces herbes, ces
étoffes crues, ces murs multicolores, recrépis
cent fois par des maçons fantaisistes, semble-
t-il, qui auraient mêlé à leur plâtre des ocres
et des carmins, et l'auraient ensuite étalé

selon quelque rêve lubrique ou quelque inspiration bouffonne, tout cela entassé, super-
posé, dans le concert de cris et de chansons
d'une foule lâchée, est bien la fête la plus
chaude aux yeux, la plus riante et la plus
saine.

Qu'elle est paisible et solitaire, à trois pas
de l'autre pourtant, cette petite *piazza dei
Signori*, d'où la *loggia* de Fra Giocondo,
tant elle a de discrétion et de calme, semble
éloigner le peuple. agité ! Elle impose même
quelque douceur au *palazzo della Ragione* dont
la tour s'efforce, en vain, de nous écraser, et
dont la cour s'illumine d'un escalier chatoyant.
Au fond, deux palais s'acognent à la *loggia* et
sourient avec elle. Ce sont deux anciennes
demeures des Scala. C'est ici que Dante,
« homme très illustre, dit la chronique, et qui
charmait le seigneur de la Scala par son génie »,
trouva son premier asile et cadença les har-
monies nouvelles de la *Divine Comédie*.

Mais toutes mes complaisances sont pour la
loggia aux arcades légères, aux fenêtres élan-
cées, aux fines colonnes enluminées de marbres
divers, aux médaillons rieurs, à la frise étroite

que couronnent des statues de marbre. C'est
le plus frais et le plus noble sourire de
la Renaissance que j'aie vu. Je veux m'en
pénétrer : le retrouverai-je encore dans cette
ville de rudesse qui voulut, un jour tardif,
être de grâce aussi ? Tout à l'heure, sur la
piazza delle Erbe, j'ai écarté résolument ce
rappel que me faisaient les peintures de la
Casa Mazzanti : Mantegna et Jules Romain
eurent beau renouveler cet art des maisons
peintes, la mode n'en fut pas moins apportée
en Italie par les hommes du Nord. Le tombeau des Scala ne me dira-t-il pas la même
invasion ? Et San Zeno, Santa Anastasia, le
Dôme, me forceront, quoi que j'en aie, à
suivre Théodoric à la trace. Lorsque, au
xɪɪᵉ siècle, le style gothique passera les Alpes,
c'est en souvenir de ses premiers maîtres que
Vérone l'adoptera avec tant de zèle.

Tout le jour, j'ai soulevé la poussière septentrionale. En dehors de San-Micheli, qui
essaya, lui aussi, de créer un style, si ce n'est
de monuments, du moins de palais et de portes,
un style qu'il s'efforça de préciser à San Giorgio in Braida, et dans deux ou trois églises,

en dehors de cet artiste, tout me dit la domination germanique. Rien ici, à part les deux places et l'œuvre de San-Micheli, qui ne soit le fruit des descentes germaniques. Aujourd'hui, tout Allemand qui descend en Italie — et il y en a ! l'Anglais lui-même est noyé dans ce flot de *Tedeschi* insolents — met pied à terre à Vérone. Il ne fait qu'imiter ses ancêtres, qui secouèrent leurs sandales sur ce seuil. Théodoric, les Lombards et les Empereurs déposèrent sur la terre véronaise un tel limon que, cinq cents ans plus tard, ce fut à l'image de la leur qu'elle se fertilisa.

Qu'est donc cette sépulture des Scala, si ce n'est le dérèglement d'un instinct dévoyé, au service de l'orgueil le plus insensé ? L'envolée de ces tombeaux, leur grâce même, leur délicatesse ajourée amusent, certes, et réjouissent l'œil le moins curieux. Mais ces cavaliers, haut perchés sur des pointes d'aiguille, défient toute indulgence. Il n'est pas jusqu'aux noms inscrits sur ces tombes, qui ne rappellent à la logique et à la proportion. Mastino Ier et Cane Grande reposent dans de simples sarcophages qui ne provoquent pas le bon sens, et

ils étaient vraiment les seuls dont le génie eût
pu rendre indulgent envers cet excès de culte
posthume. Leurs successeurs, qui s'élevèrent
à eux-mêmes ces monuments, n'avaient pas
l'excuse, que l'on n'a jamais d'ailleurs, d'être
ridicules par trop de grandeur ; ils n'eurent
même pas le peu de goût qui suffit à interdire de
grimper, à cheval, sur des clochers.

J'ai laissé cette démence, et suis allé demander aux églises un peu de simplicité et de
modération : Santa Anastasia et les belles pro-
portions de ses nefs majestueuses, le Dôme
au riche portail tout fleuri de statues, San
Fermo et sa façade de terres cuites, San Zeno
enfin, dont la mâle grandeur me retient plus
longtemps.

La vieille église de San Zeno se présente
au fond d'une vaste place, flanquée à droite
d'un campanile, à gauche d'une tour guer-
rière, résidence de Pépin, dit-on. La façade,
en trois parties, n'a cependant qu'un portail,
commandé, comme à Bergame, par des lions
emmanchés de colonnes. Une rose surmonte le
porche. Deux portes de bronze, touchant
bégaiement d'un art que Ghiberti rendra

difficile, s'écartent pour me laisser pénétrer dans le solennel édifice où je vais marcher de contrastes en contrastes, de surprises en surprises, où je rencontrerai l'expression suprême, et belle en quelque manière par son achèvement, de cet art d'outre-monts dont Vérone fut souillée.

Le moment est venu, devant ce chef-d'œuvre de l'art germanique en Italie, de préciser enfin les motifs de la révolte qui m'agite depuis que j'ai maudit la tombe des Scala et depuis que les plus sincères admirations me laissent, d'église en église, insatisfait. Si San Zeno lui-même heurte mes yeux italiens, combien sera justifiée ma colère contre la cité pervertie !

Dédaignons toute excuse. Sous ce ciel si pur, sous ce soleil éclatant, dans cet air où tout se baigne sans tricherie, notre art du Nord est ennemi de tout élan du cœur autant que de la raison. Il n'est pas sorti naturellement de ce sol lumineux, de cette terre où tout pousse trapu et ras. Il a été apporté illégitimement, sans qu'il puisse s'acclimater, des pays embrumés où les plantes montent chercher la lumière à travers les nuages éternels. Tout ici invite à s'étendre,

et non à se dresser. L'âme, pour voir le ciel,
n'a pas besoin de lever la tête ; elle regarde
autour de soi. Que font ici ces pinacles, ces
fenêtres démesurées, ces roses, ces dentelles,
ces colonnes même, qui tendent frénétiquement leurs bras multiples vers le soleil bien-
faisant ? Je ne méconnais point ce que cet art,
en soi, a de noble et de grand, sa beauté in-
trinsèque. Ce qui s'impose avec évidence,
c'est son caractère étranger à ce pays.

Et ce qui apparaît avec une égale force, c'est
la lutte enragée de l'élément naturel avec l'élément importé. La bataille est tragique, entre
le génie de la race italique et les conceptions
germaniques. La gaucherie avec laquelle l'idée
gothique est réalisée témoigne de la résistance
italienne. Au petit bonheur, comme on peut,
dentelles et parures sont disposées, en dehors
de toute loi harmonique ; ornements rapportés,
plaqués sur des surfaces, et non plus ensemble
hardi, concourant à une fin précise et voulue.
L'Italie a subi ces détails ; elle n'en a point fait
le but de son œuvre, elle ne les a jamais coor-
donnés. Cette façade de San Zeno, portail roman devant une basilique, que vient-elle faire

si elle n'annonce rien des voûtes qu'elle commande ? Les fenêtres du Dôme ont été percées
après coup, et le jour, tombant dans la nef
basse, est étonné de sa propre abondance. Les
coupoles hésitent à se poser sur les colonnes,
même réunies en faisceaux. La crypte elle-
même, comme à San Zeno, aspire au jour, se
montre à ras du sol, soulevant le chœur. Et
les fresques des murailles, si logiques en ces
vaisseaux que la lumière inonde, protestent
contre cette clôture de chœur, ouvragée dans
la pierre, dont les blancs reliefs et les ombres
portées vont si bien à l'éternel crépuscule de
nos cathédrales. San Zeno, le Dôme, Santa
Anastasia, San Fermo ont pu, par endroits,
fondre les deux termes, et devenir des œuvres
en partie émouvantes. L'Italie se refuse à
l'adoption complète.

Vienne la Renaissance ! Les murailles pleines
repousseront les contreforts. Elles auront assez
d'assise pour supporter la coupole, aidées
qu'elles seront de solides piliers, et non plus
de ces colonnes accouplées dont l'essence est
la légèreté et non la force ; la coupole sera le
nœud liant l'édifice. Dès lors, la voûte, bien

appuyée et bien soutenue, pourra s'élargir et s'étendre ; les fenêtres pourront s'ouvrir avec mesure à un jour prodigue ; les façades pourront rejeter ces tours inutiles, puisque le soleil paresse dans la prairie — Palladio dressera leur harmonie annonciatrice de tout le monument. Le Nord aura envahi le Sud ; l'Italie repoussera cette invasion de l'art comme elle a repoussé celle des hommes. Et le seul monument achevé, sans mélange, de cet art, le tombeau des Scaliger, blessera toujours nos yeux, comme blesseraient nos oreilles, à Bayreuth, la *Norma* ou la *Traviata.*

Au soir tombant, j'ai gravi les pentes des jardins Giusti. Entre les cyprès, autour des fontaines chantantes, au milieu des fleurs qui s'apprêtent à parfumer la nuit, j'ai gagné lentement les hautes terrasses d'où Vérone apparaît, au pied des monts, au bord des plaines, pressée par l'Adige qui la ceinture étroitement. Je suis du regard la courbe de ce ruban jaune que la ville semble tendre et remonter sur ses reins. Je vois le fleuve, impétueux, descendre du Monte Baldo. Viendrait-il enfin retrouver, chasseur insouciant, sa patiente

Nina? Il l'enlace un instant, la caresse, s'assure par une rude étreinte de sa constance et de son amour, et il repart, une fleur entre les dents, à travers les prairies où l'attendent des amantes, volages comme lui, et disparaît peu à peu dans la fangeuse mollesse des lagunes. Le baiser qu'il donna à Vérone semble l'avoir épuisé. Limoneux et bouillonnant dans son étreinte, puissant et rapide, le voici, à peine échappé aux flancs de Nina, languissant et pâle ; il a brisé sa force en se heurtant à Vérone ; le détour et la halte que la ville fidèle lui impose, ont éteint sa virilité

Indifférentes et sereines, les Alpes regardent leur volage enfant, et prennent Nina en pitié. Frappées du soleil, roses encore, elles commencent déjà à lever vers leurs épaules le voile de brume qui les protégera bientôt contre la fraîcheur nocturne. Vérone, à mes pieds, *pazza per amore*, s'enveloppe, elle aussi, dans son manteau ; j'aperçois le haut mur des Arènes à l'abri duquel elle va s'endormir. Le vieux pont romain ferme peu à peu son œil unique. Le dôme de San Giorgio in Braida renvoie les derniers feux du soleil. Le *Castello* veillera

seul, de ses créneaux aigus : son pont domi-
nateur rougeoie encore dans le crépuscule. Et
là-bas, tout au loin, San Zeno et son campanile
se dressent dans leur prairie. Je les rejoins
par-dessus le fouillis des clochers et des toits
et je demande à Vérone, à San Zeno, à l'Adige,
à Monte Baldo, au chasseur infidèle et à Nina,
pourquoi, si ample, si noble, si forte au pied
de ces monts, entourée de ce fleuve puissant,
pourquoi Vérone abdiqua si vite et renonça à
vivre de sa propre vie. Théodoric, ne serait-
ce pas plutôt toi, le chasseur ingrat ? Nina,
pourquoi lui as-tu ouvert tes bras ? Il eût mieux
valu, pour ta gloire, qu'il te violât comme il
fit de tes sœurs. Tu te serais relevée farouche,
indomptée, renaissante ; tu te serais rachetée.

*
* *

Les Goths, en Italie, ne firent que passer
sans laisser d'autre trace que Ravenne, où
l'Italie les parqua et où Boèce et Cassiodore
les excusent à nos cœurs. A Vérone ils passè-
rent aussi ; pourquoi Vérone en fut-elle irré-

médiablement marquée ? Le baiser qu'elle en reçut, c'est le baiser de René à Céluta. Céluta, tu resteras veuve ! Et lorsque les villes, unies par le lien pontifical, eurent balayé les ariens, elle regarda, friande de servitude, d'un œil complaisant, les Lombards qui lui rappelaient son premier époux. Jamais nous ne la verrons participer à l'héroïsme libérateur de l'Italie. Charlemagne chasse Didier et installe les Francs ; aussitôt l'Italie songe à chasser ceux qu'elle a appelés pour la délivrer et non pour se donner à eux. Vérone se range du côté de l'étranger, du Franc abhorré, dont elle espère la restauration de sa grandeur gothique. Dans le grand mouvement qui aboutit à l'installation des rois autochthones, de Béranger, au cours de ces temps rapides dont l'Italie vit bientôt l'erreur et le piège, Vérone frémira avec Luitprand d'allégresse et d'orgueil : elle pleurera éternellement avec lui.

Afin d'assurer l'exécution du pacte, le Pape et Charlemagne ont installé dans les marches du domaine pontifical et du domaine impérial des marquis et des ducs. Le Pape n'a pas d'armée, l'Empereur est loin : les marquis s'impatientent de ces suzerainetés étrangères. Et, lorsque meurt Charlemagne, le partage de l'Empire fait éclater la révolte. Pourquoi l'Italie serait-elle le fief des Francs? Les marquis, réunis à Pavie, entrent en lutte contre le Pape, qui veut imposer un roi de sa façon. Les marquis et les ducs veulent disposer eux-mêmes le royaume qui sauvera leur indépendance. Un roi nommé par eux les protégera. Béranger, duc de Vérone, est à la tête de cet essor, et, après une série de luttes où Charles le Chauve, Louis II, Carloman, Charles le Gros, le Pape et jusqu'à la papesse Jeanne sont mêlés, les marquis se réunissent encore une fois à Pavie, et nomment roi Béranger, duc de Vérone. Mais quoi! Béranger va-t-il reconstituer le royaume de Didier? Les marquis aussitôt entrent en lutte contre Béranger, lui suscitent Gui et Lambert. C'est une course à qui assassinera le plus tôt et le mieux. On voit passer les Lambert comme des ombres sur le transparent de Séraphin. Trois fois Béranger est renvoyé, trois fois il revient. Il succombe enfin sous la coalition des marquis qui sont allés le chercher pour secouer le joug des

Francs, et non pas pour se donner un maître ;
il est assassiné à Vérone.

Son successeur ne perd pas son temps à
répondre aux vœux de ceux qui l'ont choisi.
A peine installé, il écrase les marquis. Ceux-
ci se redressent, et appellent Béranger d'Ivrée,
petit-fils de l'autre.

Les folies et les crimes de Béranger d'Ivrée
ne tardent pas à soulever l'Italie entière. La
coupe déborde et lorsque le roi veut obliger
Adélaïs, la veuve de Lothaire, qu'il assassina,
à épouser son fils, les cités se pressent sous les
murailles de Canossa où l'évêque de Reggio a
offert asile à la veuve outragée. Mort aux rois !
puisque les rois font mine d'être autre chose
que les gendarmes de l'indépendance. Othon
est appelé. Il accourt. Le royaume de Béranger aura duré soixante-quatorze ans.

Pour Vérone, il durera toujours. Céluta
reste veuve de René. Elle le cherche partout
et chaque fois qu'un maître s'offre, elle lui
prête aussitôt les traits inoubliés. Les Lombards étaient de la race des Goths. Béranger
possède la même âme. Il est fort, il est farouche ; il a dressé son amante sur son trône

avec lui Être reine ! Vérone a goûté deux
fois au fruit empoisonné de la domination.
Son sang reste à jamais corrompu. Sa lutte
sauvage, au cours de laquelle trois mille
Véronais eurent le nez coupé afin que Vérone
se souvînt, sa lutte sauvage contre Mantoue
est née de la jalousie qui la tient et la tiendra
toujours contre ceux qui rendent de plus en
plus improbable le retour des rois. La puissance de l'astucieuse Mathilde est insuppor-
table à Vérone, et si nous voyons Vérone entrer plus tard dans la ligue lombarde, ne nous
laissons pas prendre à ce semblant d'indépendance guelfe. Par ses sacrifices, par sa force,
Vérone espère toujours reconquérir le premier
rang qu'elle occupa. Elle échouera, avec ses
alliés, avec Grégoire VII, sous les murailles
de Canossa, Canossa fatale pour la seconde
fois. Et lorsque Eccelino se présente, elle le
reçoit avec des cris de triomphe. Voici donc un
maître ! Et quel maître ! N'est-il pas déjà seigneur de villes puissantes : Vicence et Padoue ?
Mais Vérone est plus forte et plus belle. Eccelino s'installe à Vérone ; l'ancienne capitale
de Béranger va renaître ! Vérone se fait

gibeline par amour pour un prince qui lui promet les beaux jours de Béranger. N'est-ce point, d'ailleurs, le rêve de ce bandit, qui s'écrie dans son orgueil : « Je surpasserai Charlemagne ! » Il le surpasse en effet, mais dans ses crimes et ses vices. Eccelino, qui sent l'Italie s'agiter autour de lui, dont tous les pas portent sur un terrain miné, est pris de vertige furieux. Il égorge des familles entières, châtre ou aveugle les enfants, et pêle-mêle sont immolés accusés, suspects, coupables et innocents.

Vérone ne se tient pas d'orgueil de posséder un chef aussi puissant, qui lui rend sa splendeur. Les *Cent vieilles nouvelles*, où Eccelino est représenté comme l'un des plus grands génies du XIII⁰ siècle, ne seront que l'écho de la félicité véronaise. Et lorsque Eccelino disparaît, puni pour avoir voulu reconstituer le royaume, lorsqu'il meurt sur la route de Bergame, après avoir immolé, mutilé, aveuglé les femmes, les vieillards, les enfants, les religieuses même de Brescia, alors qu'il marchait sur Milan, Vérone se rue aux pieds de Mastino della Scala, que lui offrent les Gibelins. Les

Scala pourront personnifier l'invasion, marcher à contre-pied des aspirations italiennes; il leur suffira de se dire les implacables ennemis de la démocratie guelfe, pour que Vérone les soutienne et se déclare heureuse sous leur joug. Qui sait ? un jour, peut-être, lorsque les Scala auront bien besogné pour l'Empereur, celui-ci reconstituera-t-il le royaume en leur faveur, — à moins que, invincibles et forts, ils ne le fondent eux-mêmes.

J'ai vu, déjà, en Toscane, une ville promise aux plus belles destinées, et qui, à peine née, manqua sa vie pour avoir besogné à contre-sens du sentiment italien, pour s'être faite le champion de la servitude étrangère. Comme Pise, qui tomba sous le joug de Florence, Vérone tombe dans les mains de Milan, pour être bientôt, ô honte ! reprise par Padoue qui la vend à Venise. Dès les premiers jours du xiv° siècle, Vérone s'est effondrée, perdue par son envie et son avidité

Voilà pourquoi Vérone resta germanique. La morsure laissée sur son épaule, le baiser de Théodoric, au lieu de chercher à la guérir, elle l'entretint amoureusement. L'art que les

Allemands, six cents ans après la mort de Théodoric, et quatre cents ans après la mort de Didier, apportèrent en Italie, lui rappelait l'aurore d'une gloire inassouvie. Il entretenait la chimère. L'art dit gothique, venu du Nord, était le symbole de cette domination germanique dont Vérone s'était exaltée et s'exaltait encore. Comme Nina, elle attendra toujours le volage chasseur tyrolien, ne voulant rien que son amour ; si sa parole reste triste, c'est parce qu'elle traverse toujours sa douleur.

L'ALOUETTE PALLADIENNE

Vicence.

CHATEAUBRIAND, quittant Vérone, fit un retour sur l'œuvre qu'il venait d'accomplir aux côtés d'Alexandre et de François, et il s'écria :

« Prestige du génie ! Personne ne se souviendra des discours que nous tenions autour de la table du prince de Metternich : aucun voyageur n'entendra jamais chanter l'alouette dans les champs de Vérone sans se rappeler Shakespeare ! »

Je viens d'éprouver ici cette « vanité des choses de la terre ». Je voulais demander à cette petite ville, de celles que j'aime tant à interroger parce que rien d'éclatant ni de prestigieux ne vient y couvrir de son tonnerre la voix discrète des choses qui achèvent de vivre, parce que les jeux sociaux s'y présentent en

un raccourci saisissant et se déroulent clairement sur un terrain limité, je voulais demander
à Vicence la part qu’elle pouvait m’apporter dans cette enquête. Je songeais aux Romani, à Eccelino, aux Maltraversi, au thau-
maturge Jean, à l’abbé Giordano de Padoue, à
Azzo d’Este. Je méditais sur le malheureux
sort de la petite cité écrasée entre Padoue et
Vérone, et je me rappelais les grands jours héroïques de 1848, de 1859 et ceux de 1866 qui
commencèrent à rendre glorieux le nom de
Fogazzaro. Déjà je m’apprêtais à tirer de ces
murailles l’enseignement précis qu’elles pouvaient me donner sur l’une des époques italiennes dont, au fil des jours et des monuments, j’égrène et épuise sans chronologie mais
méthodiquement le chapelet, lorsque, ayant
entendu chanter l’alouette palladienne dans
les champs de Vicence, je suis tombé sous le
prestige du génie.

Vicence n’est rien, si ce n’est la ville de Palladio. Lorsqu’on a vu, au bout d’une heure de
séjour, la Basilique et le théâtre Olympique,
on est pris, emporté par le prodige incessant
de l’œuvre palladienne. Tout autre souci dis-

paraît. On est transplanté dans quelque île fabuleuse, hors du monde, sans attache ni voisine. Un seul désir vous tient, voir, voir encore, voir toujours les murs dressés par la main infatigable du grand artiste, dont il semble qu'on rabaisse la magnificence en l'appelant architecte ! Une fièvre vous emporte à travers la ville, à la recherche du moindre *cortile*, du plus petit portique. C'est la chasse passionnante et passionnée au chef-d'œuvre renouvelé, à la sensation exaltée. Ah ! que me font les actes civiques de la tenace et courageuse cité ! Palladio a réuni ici l'essence même de tout son art, sauf le religieux ; mais San Giorgio Maggiore et le Redentore ne m'attendent-ils pas au bord de la lagune ? Courons, courons le voir en ses productions profanes, où sa grandeur, sa noblesse et son goût se sont répandus ! Et le guide est feuilleté avec angoisse ; les pages en sont dévorées avec anxiété, pour s'assurer que rien ne manque à nos visions. Grand Dieu ! Si Boedeker avait été, pour une fois, négligent ! La course repart à la découverte ; sur tous les murs je cherche dans quelque détail la signature vénérée ; jusque dans les copies ou inspirations maladroites, je cherche la trace du maître primitif.

Pourquoi Palladio s'est-il ainsi emparé de moi ? Sans doute son âme antique, pénétrée de la Grèce, ne fût-ce qu'à travers Rome, a éveillé en moi tout ce que j'aime et admire le plus, ce qui est seul beau à mes yeux et à mon esprit : le génie grec et le génie latin. Autre chose, pourtant, est au fond de mon enthousiasme. Depuis que je sais voir les choses, dans notre Paris solennel et riant, il ne s'est passé de jour que je ne souffrisse devant l'indigence des monuments dont les maçons du xixe et du xxe siècles se glorifient. L'art architectural est tombé, depuis cent ans, au niveau le plus bas. C'est, à chaque coin de rue, au milieu de chaque place, un défi non pas même à la raison mais au simple bon sens. Les styles les plus contradictoires se mêlent ; les ordres se heurtent ; on vise à étonner et non point à plaire ; on élève une coupole haute tout juste comme un bonnet sur une tour de citadelle ; on orne une gare comme un bal public ; on donne à une auberge des apparences de forteresse ; à une villa des allures de croiseur-cuirassé. Et l'on en est réduit à reposer ses yeux sur un monument modéré comme est la gare de l'Est parce que, du moins, son ordonnance et sa simplicité concordent avec sa destination. Au siècle où tous les arts plastiques ont un essor si prodigieux, au siècle de Puvis de Chavannes et de Rodin, l'architecture est tombée dans le marécage du mauvais goût et de l'ignorance. Si Paris n'avait point ses monuments gothiques, sa Renaissance, Gabriel, sa verdure et la majesté de ses espaces, les gens délicats se résigneraient à attendre, pour voir ses palais et ses musées, l'achèvement du métropolitain.

Il y a donc, dans mon allégresse palladienne, beaucoup de contraste et de comparaison. Et, si d'aucuns la trouvent excessive, qu'ils lui pardonnent en faveur de son intention. Si je pouvais seulement susciter un exode des archiectes français vers la cité vicentine, je consentirais à toutes les railleries, à tous les apitoiements.

Je ne crois pas, pourtant, exagérer beaucoup en manifestant devant Palladio l'admiration la plus enivrée. Non point qu'il m'apporte ce tressaillement nerveux, cette alacrité joyeuse qu'une œuvre comme la *loggia* de Brescia procure. Les conceptions de Sansovino, par exemple, ont quelque chose de plus excitant, de plus immédiat, de plus frétillant et l'âme, devant elles, est allégée, grisée ; elle chante. La joie que procure Palladio est plus du bonheur que du plaisir. Elle est grave, non point sévère mais sérieuse, non point calme mais noble.

L'œuvre de Palladio est un achèvement, un couronnement. C'est à lui, à ses efforts de simplicité et de raison qu'aboutissent toutes les merveilles enfantées en Italie, depuis Brunellesco et Alberti jusqu'à Bramante. C'est par cette compréhension si complète, si intelligente et si variée, d'un caractère si purement latin, de l'antiquité et de la Renaissance, que devait se terminer la réforme artistique de l'Italie et du monde. Palladio, si on laisse de côté Michel-Ange qui avait assez à faire de modérer son génie pour ne pas chercher des leçons, Palladio est le dernier et le plus parfait, ce qui ne veut pas dire le plus grand, de la lignée qui naît à Florence et meurt à Venise et à Rome. Regardons-le, hâtons-nous de nous en impré

gner. Déjà Sansovino a passé, si délicat, si charmant et si plaisant, mais presque trop fleuri ;
voici le Bernin, voici le baroque qui ne sera
que du Sansovino dévoyé et exaspéré, qui
vont nous submerger. Lorsque Palladio paraît,
Charles-Quint a terminé sa conquête, les villes harassées ont cessé la lutte, Léon X a ouvert
son siècle. Il est la dernière fleur de ce sol où
l'art fut enfanté par les passions civiques.
Lorsque cette fleur sera flétrie, l'Italie n'aura
plus d'énergie, plus de pureté, plus de goût.
Dans la prospérité sans jalousie où elle vivra,
elle s'amollira et, réconciliée dans la servitude
et l'épuisement, elle ne produira plus que du
médiocre, du tapageur et du joli. Palladio sera
le dernier fleuron de la couronne que l'Italie
se forgea. Après lui, on cherchera à enrichir
cette couronne. Le xviiie siècle réussira même
à l'alléger de quelques scintillantes pierreries.
Il ne l'embellit pas, s'il ne la souille pas et
Palladio reste la synthèse même et la conscience de l'essor inauguré par Arnolfo et Brunellesco.

La ville, elle-même, accueille le voyageur
avec bonne grâce et lui offre la surprise du

plus verdoyant vallon. Vicence, entre le Retrone et le Bacchiglione, qui l'arrosent et font pousser sur ses promenades des arbres dignes de nos forêts, s'abrite au pied des Alpes dont les monts Berici ne sont que le dernier prolongement. Ils s'avancent, suprême pointe vers le Sud, et le vallon de Vicence se blottit dans le creux qu'ils font à l'Orient et au Nord, entre leur douceur et la majesté des Alpes. La pente vicentine des Berici est la plus verdoyante qu'on puisse voir. Ce ne sont que gazons et bosquets que blanchissent des villas. Cette fraîcheur regarde la ville qui s'étend dans la plaine. Celle-ci est abondante et riche. La vigne et l'olivier disputent un sol généreux à de gras pâturages qui cachent encore, sous les monts Berici, des mines et des carrières de marbre.

La haute porte franchie, une étroite et longue rue se présente toute bordée de palais. La fête de Palladio commence. Elle a commencé déjà sur la place du château, place qui se heurte aux remparts, par la *Casa del diavolo* revêtue d'une colonnade corinthienne et couronnée d'une fastueuse corniche. Le caractère

des œuvres palladiennes m'apparaît aussitôt.
Je vais le découvrir tout le long de cette rue
sévèrement cailloutée, mais dont je ne sentirai
que plus tard le silex meurtrier. Si Palladio
possède l'art le plus varié, il reste harmonieux
en chacune de ses œuvres. Selon l'édifice à
construire, temple, palais, maison ou villa, il
choisit son style, dorique, ionique ou corinthien ; il le crée même lorsqu'il verse le torrent
de l'antiquité dans le lit de Bramante et de
Raphaël ; mais style adopté ou style créé, il
n'y a jamais mélange de deux ordres. Nous ne
verrons jamais, sous l'équerre de Palladio, le
gothique mêlé au byzantin, ni l'ionique au
corinthien. Si, par exemple, il adopte l'ordre
ionique pour le palais Tiene ou pour le palais
Porto, il le maintiendra dans toute la partie
traitée de l'édifice et les attiques resteront purement pratiques, sans recherche d'art. Et
quelle honnêteté, quelle franchise dans les
bases ! Les rez-de-chaussée ne sont que la
pierre dégagée de la terre sur laquelle on élève
la maison, sur laquelle on fait de l'art. Déli-
bérément, avec la logique supérieure de son
admirable instinct, Palladio s'empare de la con-

ception florentine — qui est aussi la conception
de San-Micheli — de l'étage inférieur en bossages, de pierre non polie, rude et fruste. C'est
là-dessus qu'il dresse son ordre antique et
voici, dans le profane, réalisée la grande invention de Palladio, de l'antiquité adaptée à notre
temps, pliée à nos mœurs, assimilée et rendue
originalement, mêlée aux récentes trouvailles
de la Renaissance.

Vicence, ainsi bordée dans ses rues de palais, variés mais uns, prend une allure de noblesse et de distinction que je n'ai encore vue
à aucune ville d'Italie. C'est une joie de marcher au milieu d'une telle harmonie. L'antiquité, quel que soit l'ordre particulier adopté,
domine toujours, comme l'alcool dans les parfums.

Autant la promenade que je fais, de palais
en palais, et même d'église en église où j'ai
encore la faculté de frissonner devant un Bellini et devant un Palma, portes ouvertes sur
Venise, autant cette promenade est passionnante, autant elle ne peut qu'être sèche ici,
énumérative et inventorielle. Aussi bien, Vicence ne contient-elle pas deux chefs-d'œuvre

impérissables, qu'il faudrait venir voir au milieu d'un désert comme on va voir les temples
de Pœstum ? La Basilique et le Théâtre Olympique résument tout l'art civique de Palladio.
Si j'entends bien ce qu'ils me diront, j'aurai
tout compris.

Sur une grande place la *Basilica Palla-
diana* aligne ses arcades égales et pareilles.
Un seul motif, huit fois répété sur la largeur
et cinq fois sur la longueur, puis renouvelé à
l'étage supérieur ; deux étages d'arcades superposées exactement, ayant chacun son existence propre mais si semblables l'un à l'autre
qu'ils ne forment qu'un seul bloc. Encore une
fois apparaît le génie de Palladio, dans le trai-
tement des colonnes. Sa grande loi est l'unité
de style. Mais il sait que l'étage supérieur doit
présenter de la légèreté sous peine d'écraser
l'étage inférieur. Comment se tirera-t-il de ces
deux lois contradictoires ? En donnant à ses
colonnes engagées de l'étage supérieur un chapiteau ionique, tandis que le chapiteau des
colonnes du bas reste dorique : aux deux étages les bases des colonnes restent les mêmes,
ioniques toutes deux, sauvant le grand prin-

cipe de l'ordre ionique. Quant aux arcades qui relient les piliers, elles s'appuient sur des colonnes de même ordre que les colonnes engagées, et doubles. Des lunettes allègent la partie massive, là où la ligne s'infléchit pour marquer l'arcade. Au bas de chaque arcade du premier étage une galerie forme rampe et la même galerie se répète au haut, piquée, au-dessus des colonnes engagées, par conséquent sur chaque pilier, de statues.

Qu'il dut, cet amant de l'antiquité, être heureux d'élever cette basilique ! Lui, le dévot romain, allait donc pouvoir traiter la pierre à la manière ancienne, dresser ces galeries où les Énéides se réunissaient pour discuter de la patrie romaine ! On lui offrait une masure gothique à agrandir. Tout de suite son génie conçut la vieille *basilica* des Forums, dont le christianisme s'empara pour en faire ses temples et dont il s'appropria le nom. Il lui garda son caractère joyeusement païen, et qui reste sévère dans la douceur et la grâce. Entourant la vieille demeure de la solennité romaine, il en fit un monument devant lequel on reste ébloui par la majesté, par la simplicité qui pro-

duisent l'effet le plus grandiose au moyen des
lignes les plus nues et du groupement le moins
orné. Aucun décor, rien que les chapiteaux à
une seule volùte des colonnes supérieures et,
à la clef des arcades, un masque qui noue la
courbe. Le magnifique est obtenu par la nudité, le riche par la sévérité. C'est un manteau
de soie unie jeté sur un torse, c'est la toge
bien drapée, c'est le kyton tombant de l'épaule
nue.

Pourrai-je rendre l'impression si calme et si
noble que m'a donnée à son tour le Théâtre
Olympique ? Un regard jeté sur le palais Chie-
regati, où la même disposition de colonnes do-
riques et ioniques qu'à la basilique se retrouve,
et, par de sombres couloirs, je pénètre dans le
théâtre. Un immense velum, très épais, le
recouvre et répand une ombre douce et fraî-
che. Parlons bas, ici. Quelque dieu doit y
sommeiller, Zeus ou le Musagète. Un cirque de
gradins sans ornements s'élève vers un portique corinthien couronné d'une galerie sur
laquelle, au-dessus des colonnes, reposent des
statues. Entre chaque colonne, des niches,
rectangulaires ou arrondies de deux en deux,

où des personnages de théâtre se dressent,
blocs de pierre sans recherche — mais que
faut-il autre chose ici que la tache, l'évoca-
tion, l'atmosphère, la ligne ? Je gravis, en po-
sant le pied avec précaution, comme dans un
lieu sacré, les degrés de l'ellipse et j'arrive
sous le portique ; je contemple la scène avec
une émotion exaltée. — Le plancher est droit,
rectangulaire comme une rue dallée. Au fond,
un mur s'allonge et ce mur c'est la somptueuse
façade d'un palais. Voici, au milieu, la grande
porte, l'arcade centrale pour les carrosses et
les cortèges. Des colonnes corinthiennes l'en-
cadrent, surmontées de statues posées sur des
socles. De chaque côté, des niches en forme de
fenêtres où des statues président à l'entrée.
Puis, une porte plus petite et encore une niche. Au premier étage, c'est le même ordre,
toujours cette répétition palladienne qui n'a
pas craint la monotonie parce qu'elle sait que
le beau est dans l'harmonie et non dans la
diversité. Palladio est comme les jolies femmes
qui s'habillent, du chapeau aux bottines, dans
le même ton et ne plantent pas, comme font
les paysannes, tout un jardin sur leur tête.

Pour ces jolies femmes, sans doute, il y a la manière. Palladio la possède. Elle est, chez lui, comme chez elles, dans la ligne et dans la proportion. Regardez ces détails, le petit fronton où s'appuient des nus drapés, la corniche si fine et si légère et cet attique aux bas-reliefs antiques, traités comme des tableaux, encadrés chacun d'une guirlande. Je vois bien que ce mur est un peu lourd ; les élèves de Palladio qui le construisirent, après sa mort, sur ses dessins, ont voulu un peu trop bien faire. Il se fut opposé à quelques détails qui surchargent peut-être ; il eût sans doute modifié légèrement l'étage supérieur dont la parité exacte avec l'étage inférieur est cause d'une certaine lourdeur. Mais il faut quelque réflexion pour s'apercevoir de ce défaut. Et qu'importe ! La main de Palladio seule a pu tracer pour cette place publique qu'est une scène de théâtre, cette riche façade de palais. Des rues qui débouchent, et où d'autres palais de même style s'enfoncent en une perspective saisissante, amusants décors illusionnants, je vais voir descendre des cortèges chamarrés. Je vais voir passer « l'évêque précédé d'une garde habillée à la grecque, comme les janissaires, traîné dans un carrosse d'ébène doré, suivi de deux autres pareils ; le tout attelé de chevaux de la dernière beauté, l'équipage vert et galant. » Et, me retournant, je regarderai mes voisines « la tête couverte de trois ou quatre milliers d'épingles à grosse tête d'étain, qui les fait ressembler à un citron piqué de clous de girofle. »

Je suis seul, les rues sont désertes, le silence est profond et, ayant souri à ces rappels du plaisant de Brosses, je me baigne dans la volupté de cette ville où personne ne passe, de ce palais inhabité... Le veilleur, du haut de la tour de la citadelle, vient d'annoncer que les hordes ennemies sont en vue. Tout le monde a fui, abandonnant ses trésors ; femmes, vieillards, enfants ont couru au camp chercher un asile et la cité délaissée, intacte encore, sans une souillure, attend résignée la ruine qui la menace, offrant une dernière fois au vieux mendiant de beauté que je suis et qui n'a pas eu la force de s'enfuir, ses trésors magnifiés par le silence et l'abandon..

*
* *

J'ai voulu terminer mon pèlerinage palladien
par une visite à la villa Valmarana. Un glorieux portique m'y conduit. C'est ici qu'en
1848, les hardis citoyens de Vicence luttèrent
contre l'Autrichien abhorré. Les compagnons
de Danielo Manini moururent sur ces pentes
et sur ce mont Berico dont le couvent se vante
d'un Véronèse qui eut l'honneur de subir la
vengeance d'un gibelin : il fut lacéré par la
rage des vainqueurs. Sur le terre-plein, je m'arrête un instant. Vicence est à mes pieds, verdoyante et rose, dans la plaine ondulée, fleurie de tout le printemps. Tout est large, noble.
Les rivières serpentent avec paresse ; les oliviers se pressent avec ordre ; les herbes des
pâturages se balancent doucement ; là-bas les
premières collines des Alpes sont molles et
tendres ; le sentier où je m'engage est tout
bordé de haies piquées de fleurs éclatantes.

Bientôt le chemin se resserre entre deux
murs. Je suis sur la crête d'un coteau et, à
droite, j'aperçois une cuve resserrée, profonde,

vrai verger français, tandis qu'à gauche c'est
l'infini des vallées puissantes et fertiles. La
villa Valmarana domine fièrement ces deux
aspects. Sur la vallée, un mur bas, où des
grotesques de pierre sont posés de place en
place, ferme les jardins. Sur la cuve, des terrasses descendent dans ce frais vallon. Le jardin
s'étend en pelouses piquées de corbeilles,
qu'entourent des allées au sable doré ; les hautes
marches du perron conduisent à une terrasse
qui longe toute la façade. Le bâtiment est à
un étage sur rez-de-chaussée. Le toit déborde,
légèrement relevé en son centre par un fronton
que couronnent, aux trois angles, trois statues.
Sur le côté une petite aile surmontée d'un dôme
minuscule. Enfin, séparée de la maison d'habi-
tation, une sorte d'orangerie, un pavillon aux
piliers en bossage, rude et simple. C'est tout.
Et c'est d'une beauté inexprimable.

Ici encore Palladio triomphe par l'harmonie
et la ligne. Cette longue *piazza* que forment
les pelouses, ce mur avec ces grotesques, cette
orangerie, cette maison nue, aux fenêtres sy-
métriques, dont le retroussis du toit, comme
une jupe envolée, est le sourire et l'accueil,

cette plaine grandiose et ce vallon caché forment un ensemble du plus riant et du plus ravissant spectacle. Celui-là qui conçut cet arrangement, en ce lieu contrasté, qui a ainsi meublé l'espace, arrêtant le regard au point précis où il va se perdre et évitant de l'attirer par quelque détail grandiloquent ou vain, celui enfin qui a signé son œuvre par cette fantaisie, la seule qu'il se soit permise, du toit retroussé, celui-là seul avait compris la beauté, ainsi que l'antiquité la comprit, dans le groupement ordonné, dans le mouvement naturel ainsi que les rivières épousent les collines, dans la stricte soumission aux besoins des hommes ainsi que les castors construisent leurs cabanes. Rien d'inutile, rien d'enjolivé, rien de pressé ni de surchargé. Cette unité des choses, ces pelouses où, seul, un palmier se dresse, ces murs sans aucun ornement, cette terrasse liée à la maison dont elle est le prolongement et non le décor, ont une beauté si pure que l'on reste pénétré d'une émotion profonde, douce et lente, comme devant la production la plus parfaite d'un génie conscient. Palladio a élevé des monuments, sans

doute, où son ingéniosité a servi son goût de la
plus miraculeuse manière. Je ne méconnais
rien de la majesté de la Basilique et ce que je
sais, avant de l'avoir vu, de San Giorgio Maggiore, me dit sa magnificence incomparable.
Mais, et c'est en cela que la villa Valmarana
me fournit une preuve définitive de son génie,
de son intelligence prodigieuse, Palladio, dé-
daignant l'hyperbole et le fleuri, s'est astreint
à bâtir pour l'usage propre des choses. Au
Théâtre Olympique, lieu de plaisir, il s'est
abandonné à la plus joyeuse fantaisie ; les chapiteaux corinthiens et les statues abondent et
rient déjà à la comédie. Ici, c'est le lieu du
repos, de l'air pur, de la paix, de la détente.
Que rien donc ne vienne fatiguer l'esprit par
une recherche quelconque. De larges espaces,
des plans lisses, tout pour l'utilité et les bras
étendus ! Seuls, les grotesques du mur et le
fronton qui se relève comme une lèvre qui
sourit, ont un accent : il faut égayer celui
qui vient, lui être amical et accueillant.

Ce n'est qu'au retour de la Rotonda, curieuse plus qu'intéressante création, dont le
moindre défaut n'est pas son aspect de temple

alors qu'elle fut bâtie pour villa, ce n'est
qu'au retour que je me suis décidé à franchir
le perron de la villa Valmarana. Je savais ce
qui m'y attendait. J'avais peur de Tiepolo dans
ce décor d'une pureté classique. Je voulais
attendre Venise pour le voir dans le cadre le
plus seyant, au milieu des palais des riches
marchands. Ce que j'avais vu de lui à Wur-
tzbourg me le montrait ainsi : une verve, une
fantaisie, une imagination intarissables et vives ;
un goût païen plein de charme et d'élan ;
une certaine recherche de la difficulté et de
l'impossible même, vaincus en riant, en
se jouant, avec coquetterie ; la prédilection
pour les nus actifs qu'un geste couvrant ou
découvrant rend plus voluptueux encore ;
cette teinte dorée, qui sans donner de la
chaleur aux scènes choisies, les fait du moins
vibrer et les égaie ; une facilité qui tombe
rarement dans l'abandon de soi ; un dessin
un peu indécis, des formes un peu soufflées,
mais une telle grâce générale, une telle vibration perpétuelle, un tel jet inlassable du pinceau à travers toutes les fantaisies, tous les ciels
et toutes les épopées — que Tiepolo m'était

toujours apparu comme le vrai peintre de la licence cossue, des riches boudoirs et des salons de faste ostentatoire mais d'assises solides, le peintre d'une époque où jusqu'à neuf cents demandes en nullité de mariage étaient portées à la fois devant le patriarche, où les patriciens en robe et visage découvert tenaient la banque dans les tripots, aux gages des spéculateurs, contre des joueurs masqués, le peintre des Ninon de Lenclos et des Samuel Bernard vénitiens. Comment allait-il m'apparaître en cette villa tranquille, faite pour la vie familiale et non pour la vie brûlante et brûlée ?

J'ai eu tort de douter de Tiepolo. Lui qui manque si souvent d'à-propos et de tact, il est ici de la meilleure compagnie et d'une finesse intelligente presque miraculeuse.

Cinq salons de dimensions restreintes, cinq salons où des enfants devaient courir et travailler, où les fils des héros de la ligue lombarde et les pères des héros de 1848, c'est-à-dire des hommes au sentiment italien indestructible, devaient détendre leur grande âme, cinq salons étaient offerts à ses pinceaux.

Aussitôt il hausse sa frivolité jusqu'à cette destination sacrée d'éducation et d'édification.
L'Énéide, Jérusalem délivrée, Roland furieux,
et *Iphigénie* sont les sujets dont il s'inspire.
Magnifique illustration de la grandeur de
l'Italie, rattachée à la sublimité du sacrifice,
Agamemnon immolant son enfant à la patrie,
ainsi que les Vicentins le firent ! Spectacle
nourrissant pour des âmes italiennes ! Et
comme il sait, ce Tiepolo, les tenir, ces âmes,
malgré cette gravité, en joie ! Sur le fond tout
blanc des murs, éclatant, allègre, il brosse de
larges portiques et des paysages enguirlandés.
Voici Arnaud s'arrachant, désespéré et résolu,
aux bras d'une Armide qui se sait impuissante
et montre un sein inutile. Voici Énée endormi
et rêvant de la grande race qu'il va fonder.
Voici Roger aux genoux de Bradamante. Voici
Agamemnon au mufle simiesque plongeant son
épée dans le beau corps résigné d'Iphigénie.
Et voici, dans tous les coins, au-dessus des
portes, des scènes enfantines, amours joufflus
et sans ailes jouant entre eux, à cheval sur
des perches, taquinant un aigle, traînant des
chariots, la tête voilée pour se terrifier entre

eux ! Enfin, dans l'orangerie, une succession
de chinoiseries éclatantes, faites pour inspirer
aux hôtes de quelques nuits des rêves dorés,
qui les transporteront loin des servitudes quotidiennes et procureront en ces lieux où le
corps vient se délasser, le délassement de
l'âme arrachée à son milieu, à ses soucis.

Ailleurs, Tiepolo sera plus étincelant, plus
lâché dans sa fantaisie inépuisable, plus débordant, nulle part il ne peut être plus averti,
plus compréhensif, plus délicat. Dans cette
villa, l'œuvre de Tiepolo prend une signification très noble, je dirais austère si Tiepolo
pouvait avoir quoi que ce fût qui ressemblât à
de l'austérité. Croyez du moins qu'il s'efforça
de savoir ce qu'il y a de force morale, de dignité dans ce sentiment-là. Il n'y parvient
point, certes, Tiepolo ne peut qu'être voluptueux et léger ; mais il y tend et de cette ten-
sion naît une manière de sagesse qui le rend
aimable, charmant et mesuré. Aussi bien, dans
ce paysage héroïque, en cette villa classique,
devant ces fresques légendaires, ne vois-je
point comme réunis sous ma main, les stades
les plus significatifs de la conscience de l'Ita-

lie? La vertu civique, le goût et la volupté,
voilà ce que disent Vicence, Palladio et Tiepolo. Que sont donc ces trois idéaux si ce n'est
l'Italie tout entière? La villa Valmarana, à
Vicence, restera dans mon esprit comme le
plus synthétique souvenir du berceau latin.

VI

CHEZ LES MARCHANDS

Sɪ l'on veut prendre de Padoue, avant d'y pénétrer, une impression générale, il faut y arriver par la ligne de Bologne et non par celle de Milan. Le chemin de fer court sur la plaine et Padoue apparaît de loin avec ses dômes et ses clochers. Peu à peu la ville grandit, détaille ses monuments et les remparts se dressent, les fossés se creusent, les tours saillent, donnant bien de Padoue l'idée que le grand historien J. Ferrari a conçue de la cité morale, et qui s'applique étroitement à la cité inanimée, lorsqu'il appelle la patrie de Luigi Cornaro, le béat philosophe-patriarche : « la lourde Padoue ».

Sur les bras du Bacchiglione, comme Venise sur la lagune, Padoue s'est assise au milieu d'une plaine largement arrosée par ce fleuve, et par la Brenta dont sa vie dépendit si long- temps. Ainsi posée au milieu d'une abondante fertilité, elle a pris une large assiette, s'est enflée et ses membres épaissis se sont répandus avec puissance, avec un orgueil de gros bour- geois. La largeur des remparts est considéra- ble, les portes sont massives et lorsque les citoyens de Padoue voulurent placer sur la tête de leur patrie les couronnes que sont les dômes des églises, ils ne pensèrent pas pou- voir en mettre, comme à Santa Giustina, moins de huit à la fois. Ajoutez à ceux-là les dômes du Santo, ceux de la cathédrale, le toit du Salone, d'autres encore, et vous aurez la physionomie d'une ville grasse, riche, éta- lant lourdement son ventre adipeux de pro- priétaire. Padoue est une ville où l'on dut songer avant tout à entreprendre de bonnes affaires, à gagner beaucoup d'argent, à bien manger et à bien boire.

Cette matérialité datait de longtemps. Sous les Romains, Padoue était déjà un centre important. César la respectait et son indus- trie comptait parmi les plus importantes de la

Haute-Italie. Sous Auguste, elle était la plus riche, après Rome, de tout l'Empire.

Lorsque les Goths envahirent le pays des Vénètes, les Padouans se réfugièrent dans la lagune, autour de l'île de Rialto où ils avaient un port et un entrepôt. Attila obligea bientôt les enfants de ceux qui avaient fui sous Alaric à chercher les mêmes abris. Les Lombards forcèrent les derniers descendants de ceux-ci à rejoindre leurs pères. Venise se fonda ainsi, peu à peu, par l'émigration vénétienne, autour de l'île de Rialto, au milieu des enfants de Padoue qui se considéra toujours comme la mère respectable du peuple des lagunes.

Une aussi illustre maternité gonfla l'orgueil de Padoue, que sa prospérité rendait déjà pleine de morgue. Et elle se carra, bien nourrie et pleine de fierté, dans la laine floconneuse qu'elle excellait, sous César déjà, à façonner.

On n'est plus aujourd'hui, comme au temps des Romani, contraint de baiser la porte de la ville et de se découvrir, avant d'entrer. Et c'est un insolent tramway qui me fait franchir la porte Cadalunga. Mais que vais-je faire, à

me précipiter ainsi vers le Santo, lorsque
Giotto est là, tout près ! C'est à lui que je
veux aller d'abord, avant de me perdre sous
les portiques de la via dei Servi. Nul, comme
Giotto, ne peut créer l'atmosphère indispen-
sable à celui qui voyage pour autre chose que
des apparences, des formes ou des plaisirs, pour
des idées.

C'est à la chapelle Madonna dell'Arena, au
fond d'un jardin abandonné, fermé par les
murs croulants d'un cirque romain, que Giotto
a peint ces fresques immortelles que tout
peintre devrait vénérer comme la source même
de sa propre vie. Lorsque Giotto commençait
de dessiner sur les rochers le profil des
chèvres qu'il gardait, l'art de peindre, après
avoir passé dans les mains de Margaritone,
se trouvait dans celles de Cimabue. Peindre,
c'était plaquer en contours figés, sans relief,
sans mouvement, quelques idoles sur fond d'or,
dans une disposition ternaire inchangeable,
et dont tout l'effort consistait à ressembler aux
divinités byzantines, moins l'éclat. Rappelons-
nous Assise où Giotto a continué, à côté de
Cimabue, l'entreprise de celui-ci. Nous sai-

sirons aussitôt la portée de la révolution giottesque. Après la monotonie, la diversité ; après
la raideur, le mouvement; après la nuit, la clarté ; après la mort, la vie. Giotto créa la vie. Il
eut cette idée prodigieuse de penser au corps
humain avant de le figurer. Il en nota, dans
son cerveau, le naturel et la simplicité et s'efforça de rendre ce qu'il conservait dans sa
mémoire. Audace extrême, il ne crut pas que,
pour exalter des saints, il fût nécessaire de les
galvaniser. Il les crut plus édifiants tels qu'ils
avaient vécu, tels qu'on pourrait les rencontrer encore. Et, miracle ! les personnages
peints se mirent à marcher, à dormir, à rire et
à pleurer.

On a dit que Giotto manqua de sûreté dans
la réalisation de sa conception, en soi excel-
lente. En effet, lorsqu'il s'agit de fixer un de
ces gestes hardis, une de ces expressions vives,
dont la vie n'est pas prodigue et dont, par
conséquent, le dessin, pour être arrêté, demande.. cent années et plus d'études patientes
encore, le pinceau de Giotto faut dans ses
doigts. Il commet alors ce que les profession-
nels, avec la supériorité innocente ou bien

prétentieuse que leur donne le xx⁶ siècle,
appellent une maladresse. Ils devraient bien
plutôt, devant ces maladresses, au lieu de leur
faire la moue, se mettre à genoux. Elles sont,
d'abord, la conséquence nécessaire, inéluctable, de l'effort qu'a fait Giotto pour se libé-
rer et l'art avec lui. Il n'a rien qui le guide,
il ne sait rien, il doit tout inventer, dessiner,
peindre, créer, avec son seul génie. Il a cette
audace et, tant ce génie est puissant, il obtient
des figures aussi saisissantes et nettes que
celle, par exemple, de ce Judas que j'ai là,
sur ce mur de l'Arena, sous les yeux. Et
lorsque sa main reste indécise c'est, ensuite,
par l'une des plus sacrées erreurs où l'homme
puisse tomber. J'ai cherché les moments où
le pinceau de Giotto faiblit. Et je les ai trou-
vés lorsque, par un effort suprême, il veut
pousser encore plus loin, jusqu'aux extrêmes
limites de la vérité, l'expression poursuivie.
Sainte défaillance, heureuse chute ! Sa tenta-
tive échoua quelquefois ; elle réussit toujours
par la preuve qu'elle apporta de ce que
d'autres plus heureux que lui, puisqu'ils
auraient son modèle et son enseignement,

pourraient obtenir. Bien plus, l'inexpérience d'un Giotto était nécessaire à la révolution qu'il entreprit. Élève sage et prudent, dessinateur impeccable, il n'eût jamais possédé, à l'époque de Cimabue, l'audace nécessaire à son essor. Il eût peint de beaux Christs entourés de la Vierge et des saints, sous Dieu le père. Et la peinture, c'est-à-dire l'art de rendre la vie par la couleur et le dessin, n'eût pas existé. Quand on sait trop de choses on n'ose plus. Cet homme qui créa la peinture tout entière en lui ouvrant la vie infinie à exploiter; qui démontra que l'on pouvait tout peindre, même les plus extraordinaires mouvements comme ceux de ce Jugement dernier ou de l'Enfer du Campo Santo à Pise, et dont Michel-Ange profitera, cet homme s'il eut possédé, instinctivement, le crayon de Raphaël eût étouffé son génie. Son audace fut le fruit logique de son ignorance même. Vouloir s'incliner devant celle-là sans respecter celle-ci, c'est admirer Prométhée sans respecter Eschyle.

Que dirait-il, ce Mantegna, dont les fresques, aux Eremitani, ne peuvent pas ne pas se souvenir de ce qu'elles doivent au divin maître

de l'Arena ? Il est solide, celui-là. Il sait tout.
Mais il sait aussi que Giotto ouvrit la grande fenêtre sur le monde, par laquelle personne avant
lui n'avait regardé. Et lorsque Filippo Lippi
aura l'idée, puisque l'on peignait des hommes,
d'observer ceux-ci tandis que le pinceau en
arrête les contours et le relief, la grande création de Giotto sera accomplie. Mantegna a
appris à cette école-là et, avec nous, il s'incline
devant l'ancêtre unique, le père de tous les
peintres. Que de fois il dut méditer, à l'Arena,
devant ces figures sublimes, devant celle,
entre autres, de ce Christ recevant, sévère et
désolé, le baiser de Judas, d'un Christ qui a
pénétré toute l'âme humaine et qui, dans sa
clairvoyance, a puisé la force du pardon, si
son cœur saigne encore ! Il vit le prodigieux
effort du maître vénérable et il se dit, comme
nous le répétons aujourd'hui, que le plus
habile, le plus parfait de tous les peintres ne
fut et ne serait jamais capable de cette gran
deur-là.

Les Eremitani fournissent la preuve éclat-
tante du bienfait giottesque. Si l'on songe
que Mantegna fit comme Palladio, étudia l'art

antique, on comprend la beauté de l'effort parti de l'Arena. Les draperies de Mantegna, si ses corps doivent à Giotto la vie, ses draperies et ses décors si fermes, si amples, si noblement ondulés, ont l'air d'être empruntés aux statues, aux bas-reliefs antiques d'après lesquels les élèves de Squarcione, parmi lesquels comptait Bellini, travaillèrent.

A travers Giotto, Mantegna tendit la main à Rome et à la Grèce et ainsi se trouvait renouée la grande chaîne. Au lieu de voir « régner dans cette peinture le méchant goût du siècle » comme l'y vit le président de Brosses, j'y vois, au contraire, un goût très pur, le goût du siècle de Mantegna, d'Angelico, des Lippi, de Signorelli, de tant d'autres, ce quatrocentisme rayonnant que Giotto enfanta. Laissez faire l'Italie ! Terre fertile et pléthorique, il lui suffira de cent ans à peine pour que, par la porte ouverte de Giotto, elle se rue tout entière. Elle aboutira bientôt à Léonard et à Titien. Elle aura, auparavant, passé par ce Mantegna si précis, si vrai, si magnifique dans ses décors, d'une telle plénitude dans son dessin exact, dans sa riche couleur, et qu'il faut voir dans l'atmosphère de cette ville épaisse, pour en saisir la signification complète. Mantegna est bien le peintre de la lourde Padoue, ville matérielle et pratique, riche et ostentatoire. Il est le peintre de cette ville étrange où les plus réalistes sentiments, les plus terre-à-terre et souvent les plus bas, se mêlaient à un souci intellectuel élevé, à un effort d'idéal que l'orgueil du marchand enrichi rechercha sans doute, mais dont le labeur le plus grossier ne saurait diminuer le prix.

C'est vers cette Padoue déconcertante, attirante et repoussante à la fois, que je me dirige maintenant. Par les arcades j'ai gagné la place Cavour où la Padoue moderne est si fière d'un estaminet. J'ai pénétré dans la cour de l'Université, où déjà Sansovino se montre entraîné par ses clients à des excès décoratifs dont l'art souffrira bientôt. Que de souvenirs illustres ! Ces blasons attestent la grandeur de l'enseignement padouan. Tous les grands noms de l'Italie sont inscrits sur ces murs. C'est ici que l'Italie septentrionale a formé son esprit, c'est d'ici que sont parties bien des idées fortes et fertiles dont le monde s'honore.

Dante quitta les Scala pour venir à Padoue où il savait rencontrer des esprits libres et des âmes fières qui comprenaient son langage. Pétrarque fit de Padoue la dilection de sa vieillesse, il voulait y mourir. Les Bellini y étudirèrent. Donatello y fut appelé. Luigi Cornaro y prêchait la médiocrité. Il le fit sans hypocrisie — on l'écoutait sans se laisser convaincre, et voici apparaître l'autre face de Padoue, sa vanité incommensurable et sa grossièreté. Elle se vantait d'avoir été fondée par Anténor, frère de Priam. Elle possédait les os de Tite-Live. Elle avait donné le jour à un empereur, Henri IV. Elle avait fondé Venise. Et lorsque Palladio s'inspira de son Salone pour sa basilique vicentine, elle ne se contint pas de suffisance ; ayant résolu de rebâtir son dôme elle ne crut pas pouvoir faire moins que de demander à l'architecte de Saint-Pierre, à Michel-Ange, pour s'en inspirer, ses plans.

Deux monuments résument merveilleusement le curieux mélange de grandeur et de puérilité que Padoue offre à tous les yeux : Santa Guistina et le Santo.

Voici, à Santa Giustina, pour la puérilité :
Les voûtes en berceau des nefs latérales
sans rapport avec la nef centrale, le chœur
démesuré, et, surtout, les coupoles. Celles-ci
ont été élevées bien plus pour étonner que
pour plaire. Chaque voûte des nefs en
possède une et celle du centre s'accompagne
de trois autres qui la coupent, l'envahissent,
l'alourdissent et se heurtent entre elles.
Deux autres encore, au petit bonheur. Ne
faut-il pas être plus prodigue qu'à Venise on
ne le fut ? Et voici pour la grandeur : Les pro-
portions générales calculées pour un effet de
majesté, les espaces ordonnés avec une con-
naissance savante des exigences visuelles, les
chapelles profondes, les transepts grandioses
et harmonieux, et surtout ces fonds arrondis
qui font que l'œil ne rencontre partout que
des hémicycles. Qu'on lève la tête ou qu'on
regarde autour de soi, on se heurte à des
lignes courbes qui ferment doucement la
perspective. C'est le triomphe de l'ampleur,
de la distribution noble, de la richesse. Ces
dômes appellent l'or des mosaïques vénitiennes. Padoue y songea-t-elle ?

Ce fut à Saint Marc, en tout cas, qu'elle songea lorsqu'elle éleva le Santo. Je sais bien que l'idolâtrie fut pour beaucoup dans la profusion de ce tombeau que devait être le Santo. Le souci de s'égaler à Venise n'est pas moins manifeste. La fille de Padoue avait élevé à saint Marc, son patron, une tombe magnifique. Lorsque Padoue posséda son grand saint Antoine, elle voulut se montrer aussi généreuse que son enfant. Venise dut prêter non seulement sa conception de Saint Marc, mais encore sa conception des Frari. Il y eut un mélange du byzantin et du gothique qui produit l'effet le plus étrange. Ces quatre coupoles, accompagnées de clochers, étonnent et n'émeuvent pas. Et la maigreur et la nudité de la façade ne sont pas la moindre surprise. Si jamais l'illogisme d'une façade qui n'annonce rien de ce qu'elle cache, apparaît flagrant, c'est bien lorsqu'on entre dans le Santo. Franchis ces porches byzantins, c'est une église gothique que l'on voit ; franchis ces porches nus, c'est un entassement de richesses prodigieux qui vous éblouit. Ici encore, sans doute, la piété a fait son œuvre.

Elle seule, pourtant, appela-t-elle Donatello, Sansovino et Falconetto? La dévotion a plus coutume de se traduire par l'or et les amulettes que par le marbre et l'œuvre d'art. C'est bien l'esprit de concurrence et d'ostentation qui s'abrite derrière le culte, afin d'enrichir d'une manière digne d'une ville aussi opulente la dépouille de saint Antoine. Lorsque Donatello éleva son Gattamelata devant ce tombeau, lorsqu'il triompha du bronze périlleux et rebelle et réussit à dresser, outre un chef-d'œuvre, le modèle de la statue équestre, la première que l'on osait fondre depuis l'antiquité, il dut, enfant de la délicate Florence, souffrir plus que tout autre de tant de faste inharmonieux. Les compliments dont les Padouans l'abreuvèrent, lorsqu'il eut achevé les bas-reliefs du chœur du Santo, ne le grisèrent ni ne l'abusèrent point. Il se récria qu'il devait regagner sa patrie s'il ne voulait pas perdre la raison sous l'adulation dont on le comblait. Donatello, si simple dans la grandeur, si naturel, si vrai, s'échappa de ces excès. Le farouche Antoine, sous sa pierre, allait en porter tout le poids.

Padoue, qui se vantait des plus grands citoyens et des plus savants, voulut aussi avoir le plus grand saint. Elle l'eut aussitôt. Cinquante ans après sa mort, Antoine n'était déjà plus reconnaissable. Ce qu'il fut, de son vivant, on le sait. Un vengeur du Dieu des humbles et des malheureux, le plus implacable ennemi des riches et des puissants. Jamais seigneur florentin ne fut traité par Savonarole comme, deux cent cinquante ans auparavant, Antoine osa traiter Eccelino. Pendant la folle et sanguinaire tyrannie des Romani, l'Italie a pour conscience le cœur d'Antoine, pour voix son tonnerre maudissant. Il risque sa vie cent fois par l'audace de ses anathèmes et ses excitations à la révolte. Padoue retentit de ses malédictions qui vont jusqu'à réveiller Vicence et Vérone. Et lorsque le Pape souleva une croisade contre Eccelino, ce fut au nom d'Antoine, mort depuis vingt ans, qu'elle partit. Le fougueux franciscain n'épargna pas non plus les Padouans Ces bourgeois enrichis, trafiquants et spéculateurs, durs au malheureux, impitoyables au faible, révoltaient son grand cœur. Antoine ne cessait de prêcher la pure doctrine chrétienne

de la fraternité et du renoncement. Il n'y eut
jamais, dans l'Église romaine, d'âme plus révolutionnaire que la sienne. Est-ce pour se
venger de lui que les Padouans en firent ce
qu'il est devenu ? Leur naturelle bassesse d'âme
dut suffire à cette tâche. A l'époque de la croisade contre Eccelino, son tombeau était déjà
miraculeux. Il suffisait d'en toucher le marbre
pour obtenir une faveur que l'on sollicitait.
J'ai vu, tout à l'heure, vingt femmes pressées,
le bras tendu et les doigts appliqués à la plaque
de bronze qui ferme le sarcophage. Peu à
peu Antoine fut employé à des usages plus intimes. « Dans la bienheureuse ville de Padoue,
dit Ferrari, où les événements prennent toujours un aspect domestique et casanier... »
Antoine prit cet aspect. On l'attachait au mât
des bateaux pour qu'il donnât bon vent et les
Padouans, hommes soigneux, ménagers et pratiques, peignirent son image au bas des murs
de leurs maisons pour protéger celles-ci contre
les indiscrétions des goujats. Tant de chiens
sans religion ont passé que je n'ai pu découvrir aucun Antoine aux coins des rues.

Voilà ce qu'était devenu, et ce qu'est resté,

l'implacable adversaire de la tyrannie et du lucre. Heureux Antoine ! Son esprit de sacrifice fut si grand qu'il doit se réjouir en Dieu de l'humiliation où on le traîne. Il s'offre chaque jour pour expier les péchés des Padouans, leur idolâtrie, leur petitesse, leur envie, leur richesse et leurs prétentions.

***

Quel était cet Eccelino contre qui fulminait Antoine ? Sa légende est restée terrible. Son histoire, par miracle, ne l'est pas moins que sa légende. La famille de Romano était féodale, vieux reste des alluvions étrangères que nous avons étudiées plus particulièrement à Brescia. Son château se dressait au nord de Vicence, près de Bassano. Le premier Eccelino, dit le Bègue, accompagna l'empereur Conrad III à la croisade et obtint, pour prix de ses services, le gouvernement de Vicence, alors gibeline. Le jeu habituel des révolutions italiennes rend Vicence guelfe et le Bègue entre dans la Ligue lombarde contre Barberousse. Son fils Eccelino, dit le Moine, hérita de son pouvoir. Naturellement Vicence, qui s'était donnée à lui contre les gibelins, redevient gibeline le danger passé et chasse le Moine qui rentre avec le concours des guelfes de Padoue et de Vérone. Puis, en 1215, touché de la grâce, il se retire du monde et embrasse l'hérésie paulicienne, après avoir partagé ses États entre ses fils, Albéric, qui obtient le Trévisan et Eccelino III qui garde Vérone et Vicence et est nommé, par l'empereur Frédéric, podestat de Padoue. C'est cet Eccelino, dit le Féroce, qu'Antoine, instrument de la vengeance populaire et divine, va poursuivre.

Voyons-le à l'œuvre. Mais d'abord, qu'est-ce qu'un podestat ? Après la réconciliation des seigneurs, absorbés par les villes et associés aux artisans, avec les citoyens, il est nécessaire de créer un pouvoir qui s'opposera au réveil des haines particulières. Si l'on confie le gouvernement à un noble ou à un citoyen, la lutte recommencera. Joubert a finement constaté que le mot liberté avait deux sens, l'un antique l'autre moderne. Les anciens l'interprétaient : je veux prendre part au gouvernement de la cité. Les modernes l'emploient

avec cette signification : je veux être indépendant. C'est au sens moderne que l'enten-
daient les républiques italiennes. Et pour
rester indépendantes elles confient le gouvernement à un étranger, soit qu'elles le choisis-
sent elles-mêmes, ainsi qu'elles font le plus
souvent, soit qu'elles l'acceptent de la main
de l'empereur, ce qui est le cas de Vérone,
Vicence et Padoue. Le pouvoir de ce magis-
trat est discrétionnaire, puisqu'il est impartial par définition. D'ailleurs les précautions
sont prises. Il est nommé pour un an et, lorsqu'il part, il doit rendre compte de sa ges-
tion. Il ne peut même quitter la ville qu'après
que ses comptes ont été apurés. Il lui est
défendu d'avoir des parents autour de soi. Il
doit vivre seul, ne jamais recevoir de cadeau.
A ce jeu il a tôt fait de devenir le podestat
ridicule du *Décaméron*. A moins qu'il ne
devienne tyran. L'empereur l'y aide. Non
point en le soutenant ; au contraire, en le
combattant. Le podestat n'est-il pas le représentant de l'indépendance de la cité ? Et lorsque l'empereur descend, inquiet de cette indépendance, les villes terrifiées se pressent

autour du podestat, qui devient bientôt tyran, puis seigneur et fonde sa dynastie. Nous le retrouverons à Mantoue.

Voici donc Eccelino III, déjà maître effectif de Vérone et de Vicence, podestat de Padoue. Il va se développer logiquement, selon la loi du podestat. Il est puissant, il détient une partie importante du domaine italien, l'empereur lui a donné sa fille. Il débute, à Vérone, par se montrer juste, humain. Bon capitaine s'il est arien, politique avisé s'il est astrologue un peu, il essaie de gouverner avec sagesse. Poussé par Vérone qui veut toujours regagner son rang royal, il rêve d'ajouter à sa domination la maîtrise de toute la Lombardie. « Mantoue m'en empêche ! » s'écrie-t-il. Les guelfes aussi. Surpris de tant de résistance il s'affole et tue. Le bûcher flambe partout. Il voit ses frères et ses enfants égorgés. Il rend la pareille. Il entre, enfin, un beau matin, sous la protection impériale, dans Padoue, dont il n'avait levé le siège qu'à la voix du vieux paulicien : « Le jour n'est pas encore venu où nous pourrons régner sur la multitude de Padoue ; il faut attendre ! »

Il n'attend pas longtemps et la grasse Padoue n'a pas l'énergie de le repousser, lorsque l'empereur le lui impose. Il entre avec les Allemands; une fois dans la place il chasse ses bienfaiteurs et installe son propre lieutenant. Le peuple guelfe, pourtant, gronde. On l'étrangle, on l'écartèle, on le brûle, on le pend. On en arrive à se jeter mutuellement par les fenêtres sans savoir pourquoi. Les magistrats rendent leurs arrêts, la chaîne aux pieds, menacés de la potence s'ils ne jugent pas selon les ordres venus de Vérone.. Dans la tour de Malte pourrissent pêle-mêle morts et vivants. Les gibelins triomphent ; pas tant qu'on peut le croire. Ils ne sont forts que parce que les soldats de Vérone sont là. Et lorsque la croisade levée par le Pape contre Eccelino, arrive devant Padoue, le lieutenant d'Eccelino doit faire lui-même les patrouilles. Les bourgeois terrifiés le supplient de capituler. Il les transperce de son épée. L'armée guelfe force enfin Padoue et saccage tout pendant huit jours, indistinctement. Il ne reste plus un gibelin, mais les guelfes ne sont guère plus nombreux. Eccelino sent

le coup et il condamne à mourir de faim
Amedisio Guidotti qui n'a pas su être vainqueur de la croisade ; il fait égorger à Vérone
vingt mille Padouans, ses soldats, pour punir
leur patrie. Puis il va mettre lui-même le
siège devant Padoue, qui résiste. Il se retourne
contre Brescia, marche sur Milan et meurt
sur la route de Bergame. Son frère Albéric,
bien que guelfe, est aussitôt assassiné avec
toute sa famille dans son château de San-
Zenone.

Les Romani ont disparu, noyés dans le
sang qu'ils ont versé. Ces podestats ont donc
manqué leur coup ? Sans doute, mais la loi,
qui veut que le podestat devienne tyran puis
seigneur, subsiste et elle s'accomplit. Les
Carrara se substituent aussitôt aux Romani dont
ils continuent l'évolution fatale. Ils reprennent
le rôle seigneurial abandonné par le tyran. Ils
s'interposent entre les partis et reçoivent enfin
Padoue, du consentement de Vérone à qui
ils font les plus belles promesses, et des
bourgeois de Padoue qui gémissent et pleu-
rent sur les belles années où on gagnait tant
d'argent. Les Carrara, nés arbitres, comme

tous les seigneurs, font comme tous les arbitres : ils aspirent à devenir maîtres ; ils tâchent à maintenir un équilibre qui leur conserve leur pouvoir. Les villes respectent les seigneurs, fins politiques, habiles à écarter toute ingérence étrangère, habiles, on le verra trop tard à Mantoue et ailleurs, à fonder leur dynastie. Ils représentent, au moment où les Carrara s'installent à Padoue et continuent les Romano, l'indépendance contre l'empereur et contre le voisin jaloux. Les Carrara jouèrent merveilleusement ce rôle, contre Vérone d'abord, contre Venise ensuite. Ils vont même jusqu'à assassiner Alberto qui gouverne Padoue sous leur couverture, Alberto, frère de Mastino II de la Scala.

Le moment est bon en effet pour se débarrasser de ces Scala à qui Carrara avait, en fait, loué Padoue. L'ambition de Milan a resserré les liens fédératifs des villes que cette puissante voisine menace. Les seigneurs, synthèse de l'indépendance contre le royaume, contre les gibelins et même contre les guelfes, deviennent le rempart contre les ambitions de Milan ou de Venise. Ils appellent Charles IV puis, effrayés de ce qu'ils viennent de faire, le repoussent. Et, le peuple ne voulant plus se battre, ils appellent le condottiere, que Bergame nous a fait connaître.

C'est, en deux mots, toute l'histoire des Carrara. Ils passeront leur vie à se donner tantôt à Milan, tantôt à Venise, et Padoue avec eux. Seule Vérone les garde ennemis. Si veule, si lourd que soit le Padouan, il ne pourrait pas supporter Vérone. D'ailleurs Vérone est trop occupée à se défendre contre Venise, qui s'en empare enfin, pour qu'on désire lier son sort au sien.

Les Carrara, cependant, sont perplexes. Vont-ils subir le sort du Scala ? Venise, lors de la croisade, avait été la première à marcher contre Eccelino « ce fils de perdition, cet homme de sang réprouvé par la foi ». Le siège de Padoue a dû la mettre en goût. Si on suscitait au gouvernement vénitien des difficultés qui, tenant distraite Venise, procureraient au Carrara la tranquillité ? François Carrara conspire aussitôt contre la Seigneurie et sa main se trouve dans le complot de la Gobba. Il songe à empoisonner les eaux de la

Brenta pour empoisonner Venise tout entière. Venise s'impatiente enfin et, avec cette admirable décision et cette tenacité où sont tous les secrets de sa grandeur, elle décide qu'elle s'emparera de Padoue. La guerre dure trente-cinq ans. Les vicissitudes en sont nombreuses. C'est au cours de cette guerre que Carrara va demander pardon à Venise et lit un discours écrit par Pétrarque. Les Vénitiens ne se contentent pas de ces paroles. Ils excitent l'empereur contre les Carrara, ils attirent même à eux leur rivale, Milan, qui soutenait Carrara. Cela sauve Carrara, un moment. Milan, en effet, veut bien trahir son allié Carrara, mais pour son propre profit. Venise comprend la faute qu'elle vient de commettre en mettant Milan à ses portes et elle se réconcilie avec François Carrara, à qui elle rend Padoue. A la mort de Galéas, Carrara, pour se venger de l'abandon de Milan, s'allie à Florence contre la veuve du Visconti. Venise marche aussitôt sur Padoue et somme Carrara de lever le siège de Vicence que la veuve de Galéas donne à la République pour prix de son concours. Elle prend Vérone, Vicence et assiège

Padoue. Carrara court à Mestre pour négocier
avec la Seigneurie. Pendant ce temps, les bourgeois de Padoue, qui avaient toujours l'œil
tourné vers Venise et voulaient participer à
la fortune de leurs cousins et neveux des îles
vénitiennes, rendent la ville. Carrara et ses
fils sont étranglés dans leur prison de San-
Giorgio. Padoue est heureuse enfin. Ses bourgeois exultent : ils vont pouvoir s'enrichir en
paix. Venise est leur maîtresse, mais n'en
sont-ils pas les pères ?

Nulle ville comme Padoue ne permet de
suivre l'évolution qui part de la guerre civile
entre les féodaux et les villes pour aboutir
aux seigneurs. On y voit clairement se développer le podestat, le condottiere, qui s'installent seigneurs ou sont chassés par ceux-ci,
leurs frères. Le résultat est le même, en effet,
pour les villes. C'est la servitude, que Charles-
Quint ou Venise viendront définitivement
consacrer. Les villes acceptent et se résignent
à demander à l'esclavage une indépendance
municipale que la guerre n'a pu leur conquérir, chaque défenseur appelé par elles les
ayant trahies tour à tour.

A quelque époque qu'on les prenne, ce qui les pousse, les agite, les soulève et les torture c'est le besoin de travailler en paix et liberté, de garder leur autonomie. Padoue, malgré son poids, sa matérialité, est elle-même agitée de ces soubresauts harmonieux, logiques et uns. La Ligue de Cambrai, Bayard et La Palisse ne la réveilleront même pas de sa béatitude vénitienne ; elle recevra tous les coups pourvu qu'on lui permette de s'enrichir. Luigi Cornaro, dans son « *Éloge de la médiocrité* », nous dit naïvement ce qu'elle devint. Elle ne pensa plus qu'à bien manger et bien boire, à dormir au frais, à procréer abondamment et à exploiter saint Antoine. Elle en vit encore aujourd'hui.

VII

L'AGONIE

MANTOUE ! Nom caressant et frais ! On évoque à l'entendre des paysages verdoyants, des lacs ombreux où vogue l'oiseau donné à Virgile, des rives abaissées, des jardins profonds, une paix alanguie, une joie sereine, une vie douce, sans orage, sur des fleuves de lait, au milieu des fleurs et des parfums, le paradis ou la cocagne. Les bruits du monde doivent s'arrêter à ses portes. Ses rues larges et animées doivent être sillonnées d'un peuple heureux, tout à la douceur d'une existence facile et prolongée. Les places doivent être plantées d'arbres séculaires, au feuillage épais sous lequel des enfants nus rient et jouent. Ses monuments doivent être pleins de grâce et de joliesse, roses et blancs, couronnés de pinacles et de clochetons. Et les **noms** de Jules Romain, de Gonzague et d'Este qui voltigent dans la mémoire à côté de celui du grave et désabusé Eugène de Beauharnais, ajoutent à cette imprespression de mollesse, de finesse et d'élégance. On comprend, n'est-ce pas, que le vice-roi d'Italie, après avoir résidé à Mantoue, ne se montrât pas ambitieux ? Il dut toujours regretter la vie facile et charmante qu'il menait parmi ces paysages de brume légère, d'eau transparente et de bosquets ? Mantoue, n'est-ce point quelque chose comme le pavillon de Sylvie où la nature est disposée pour la galanterie, Bagatelle bâtie pour les soupers d'un prince, villa sorrentine, palais de la Corne d'Or, Trianon enchanteur ?

Et voici ce que j'ai vu. Une ville aux rues étroites et sales. Des places solitaires. Des arcades sombres et que la lèpre ronge. Des monuments délabrés. Des maisons toutes penchées et qui réclament des étais. Les boutiques dégarnies et pauvres semblent prévoir une imminente catastrophe. Les habitants ont l'air, lorsqu'on les rencontre, de sortir de leur

cave, où ils se cachaient, sans doute, de
crainte de la peste ou des pillards. D'où viennent ces deux fantômes en culotte, en habit à
la française et en bicorne, et qui portent sur
leurs épaules de longues cuves chargées d'un
liquide rougeâtre ? Il paraît que ce sont des
« porteurs de vin ». Cette ville s'est endormie
si profondément sous la botte autrichienne
qu'elle sommeille encore. Elle joue *la Belle au
bois dormant,* tous les jours. Mais n'est-ce pas,
plutôt, découragement, résignation, apathie ?
Le climat de Mantoue est terrible. Il déprime
les habitants et dévore les êtres. Cette ville
paraît mangée des vers. Les innombrables
moustiques ont dû ronger les maisons minées,
d'autre part, par les eaux. Et rongées dessus,
mangées dessous, elles se penchent peu à peu,
résignées à leur propre effondrement. Elles
s'affaissent ou s'effritent. Elles coulent tout
entières ou par morceaux. Les murs ont l'air
de fondre insensiblement et de n'avoir plus
que l'épaisseur d'une feuille de papier. Le
vent en emporte continûment les grains
désagrégés, achevant l'œuvre des mites. On
dirait d'un vieux fauteuil abandonné au

fond d'un grenier, dont la tapisserie rougeoie encore dans l'ombre, mais dont le bois n'est plus que trous. N'y touchez pas ! Il va s'écrouler aussitôt et ne plus former qu'un amas de débris. La piazza delle Erbe, la piazza Sordella ont encore belle mine avec leurs tours, leurs palais : marchez légèrement, ne vous appuyez pas à cette muraille, le pavé va s'enfoncer sous vos pas, le mur va tomber. Les arcades des rues, si elles supportent encore quelques étages, ne croyez pas à leurs pierres, elles ne sont plus faites que de moisissure agglomérée. L'église San Andrea s'est entourée complètement de maisons qui la soutiennent et s'accrochent à elle : la solidarité du malheur.

Et, pourtant, cet aspect ravagé n'est rien auprès de ce qu'on voit derrière ces murs de sucre. A l'intérieur des palais, c'est la désolation même. C'est un cauchemar déliquescent. Une invasion de rats montre encore quelque grandeur par son propre effort, par la résistance que lui opposent les choses qui ne veulent pas mourir et crient à chaque arrachement. Ici, tout tombe en miettes, tout seul, sans que rien de visible le tire ou le pousse. Tout fond, comme si une main mystésieuse versait régulièrement sur les êtres une goutte d'eau inépuisable, toute l'eau des lacs réviviscents. Les moustiques impondérables et insaisissables, méthodiquement, détachent chaque jour un grain de chaque objet, l'un de ces mille atomes dont chaque chose est faite, et la chose, l'objet s'en vont grain à grain, atome après atome. Le bois, le stuc, le marbre même on dirait ! s'amenuisent, et bientôt s'envolent dans le vent qui siffle sous les portes, par les fenêtres mal jointes. Rien ne résiste, tout se laisse aller au découragement, à l'indifférence résignée. On a le sentiment de l'implacable fatalité, tragique, affolant.

Supposez que, demain, Versailles soit fermé, qu'une main de sauvage tourne la clef du palais et la jette dans la boue du grand canal. Les années passeront, le temps et les frimas feront leur œuvre. Deux cents ans, après, on rentrera. Ce que l'on verrait alors, c'est ce que j'ai vu au Corte Reale, le château des Gonzaga. Encore, à Versailles, les bronzes et les marbres seraient-ils victorieux des injures et de la décomposition. Ici ni bronze, ni marbre. Rien que des choses éphémères : du bois, du stuc, du plâtre, des fresques, nids pour les moustiques qui ajoutent au délaissement leur morsure incessante, grottes suintantes que le brouillard noie, que la brume liquéfie.

Vous êtes-vous jamais demandé comment se font les ruines ? Comment une ville, Suse par exemple, peut tomber en poussière et ne plus former que le tumulus sous lequel Mme Dieulafoy est allée chercher les admirables frises que nous voyons au Louvre ? Venez à Mantoue et vous comprendrez. Vous verrez comment les ruines entrent en formation. Les murs sont encore debout. Il y a encore des escaliers, des portes, des fenêtres, des cloisons et des plafonds. Mais regardez de près. Ne tenez pas, pourtant, les yeux levés trop longtemps, vous recevriez de la poussière de bois sur le nez : les jolis caissons sont en train de se désagréger. Ne vous mettez pas sous cette corniche, elle vous tombera sur la tête : en voici des morceaux à vos pieds. Cette statue lève un bras pas plus gros qu'une canne, emmanchée à un torse de taureau. Ces panneaux sont comme grattés en vue d'une restauration ; ils ne sont que pourris. N'ouvrez pas trop vivement cette porte, elle vous resterait dans la main.

Tous les jours, la mort fait ainsi son œuvre, lentement, sûrement, *piano ma sano*. Dans cinquante ans, les plafonds s'écrouleront; les escaliers branleront autour de leur axe; les fenêtres ne fermeront plus, le vent arrachera les derniers lambeaux. Et dans cent ans tout s'abîmera ; un nuage de poussière, tout ce qui restera de l'œuvre des Gonzaga, s'étendra sur la ville ; les insectes siffleront aux oreilles des derniers Mantouans leur victoire.

On ne peut décrire un cadavre. La décomposition échappe à la méthode. J'ai marché pendant deux heures dans l'effritement. Ce palais est immense. Il doit être plus vaste qu'un Compiègne ou un Fontainebleau. Et rien, presque rien que de la poussière, du délabrement, de la mort en marche. Ingénument, après qu'on a butté une heure durant contre ces débris, le guide vous demande si on veut voir « les appartements délabrés ». L'horrible attire. On se précipite et la même course recommence. J'abandonne mon crayon, mes notes, il faudrait presque la force d'âme d'un Dante qui consigne scrupuleusement toutes les abominations qu'il rencontre. Voyez, pourtant, ce *camerino* d'Isabelle d'Este, femme de Jean-François Gonzaga, sœur d'Alphonse de Ferrare, celui qui épousa Lucrèce Borgia, mère de Frédéric II, protectrice d'Arioste, de Mantegna et de Jules Romain : la porte — il y en avait deux, il n'y en a plus qu'une — vacille contre le chambranle ; les boiseries sont crevées et se détachent d'un mur d'où les plaques de plâtre sont tombées, laissant la pierre à nu ; le plafond à petits caissons tient encore, tout décoloré ; la devise « *nec spe, nec metu* » est à peine visible ; au-dessus des boiseries, de grands trous carrés, vieux cadres veufs de leurs toiles. Là se voyait — est-ce là ou à côté ? la leçon est la même — « le triomphe de César » par Mantegna, emporté à Londres. Les hommes ont aidé la nature. Voyez encore dans la même partie du palais, « Le Paradis », ouverte sur le lac, voyez cette grande salle voûtée, majestueuse, riche. Riche ! elle le fut. Les statues juchées sur la corniche, et qui épou-

rent la courbe du plafond, n'ont plus l'une de
tête, l'autre de bras, la troisième n'a plus que
les jambes et les bras. Le plancher tremble ;
passons vite... Pauvre petit jardin suspendu
où le gardien lui-même, laissant tomber ses
bras impuissants, renonce à faire pousser quelques choux et qu'il abandonne aux herbes
folles ! Triste *cortile di Cavallerizza* où les
pierres des murs à bossages gisent au milieu
des ronces ! Funèbre loggia, à la vue si reposée, dont les balcons tremblent sous la main
qui s'appuie !

De temps en temps, et cela augmente la
terreur de mort, un éclair de vie : la chambre d'Eugène de Beauharnais où le lit se
dresse, où les tentures de soie, merveilleu-
ses de finesse, étalent leur symbolique feuille
morte ; la *sala degli Spechi* — le verre tient
bon contre le ver ; la *sala di Troja* aux nus
de brique que Jules Romain prodigua sans
flamme et sans conviction ; la salle de bal ;
celle du Zodiaque que l'on répare — pourquoi
elle seule ? Anssitôt la désolation reprend,
fantastique et terrifiante. Encore un coin intact
pourtant. Et c'est triste à pleurer : l'apparte-

ment des nains, petit joujou enfantin, deux
étages construits dans un entresol ; les chambres
sont vastes comme un placard ; les marches de
l'escalier hautes comme un petit banc de pou-
pée ; la chapelle grande comme une niche
de saint. Tout ce qui reste de tant de vaillance,
de beauté, de culture et d'amour, c'est un jouet,
une boîte à polichinelles.

Le palais du Té va-t-il me délivrer de ce
cauchemar ? Lieu de plaisir, fantaisie de prince
qui s'amuse, caprice d'un jour, s'il subit le
sort des choses légères qui ne doivent pas vivre
davantage que l'éclair d'où elles sont nées, je
n'aurai pas de surprise. La ruine restera dans
la logique des choses. Le Té aura péri avec
son maître et les plaisirs passagers de celui-ci.
Les bibelots ne durent pas, ils ont tant d'ennemis ! les enfants et les plumeaux.

Le palais du Té n'a pas été cassé. Et pour
cause. C'est un monument massif, vrai roc de
granit rouge. Ce n'est pas un palais, c'est un
manège, aux murs en bossages, à colonnes
torses. Construit pour un haras, il fut transformé bientôt, par Jules Romain, qui travaillait à l'entreprise, en pavillon de plaisance. Le

grand décorateur et le médiocre peintre qu'était
Jules Romain, se sont ici donné carrière. Un
moment, la profusion des décors, leur unité,
cet ensemble harmonisé, l'achèvement complet
de chaque partie, de chaque pièce, différente
des autres, mais d'un style pareil et pleine de
rappels ingénieux, étonnent agréablement et
charment presque. L'état de conservation est
bon. Les peintures sont encore fraîches. Les
stucs gardent forme. Des signes de décadence,
çà et là, un commencement de décomposition.
Mais l'ensemble subsiste, brillant. Autour d'une
cour carrée, la cour de la cavalerie, une suite
de salons se commandant les uns les autres.
Tous sont décorés, du haut en bas, d'arabesques, de guirlandes fleuries. C'est la folie de
l'arrangement illusoire : on se croirait dans
un bosquet, au printemps. Toutes les couleurs
sont claires, gaies, ce ne sont que festons, as-
tragales, volutes, petits oiseaux, nuages roses
et nudités. C'est le triomphe du rose et du
bleu. On cherche à ses pieds s'il n'y a pas, sur
le plancher, des pâquerettes peintes.

Au sortir du Corte Reale cette fadeur fait
illusion, un moment. On n'en goûte que le ra-

fraîchissement. Lorsqu'on est apaisé, la raison reprend ses droits. On détaille et l'écœurement ne tarde pas. J'ai souri en entrant dans la première salle ; j'en sors presque indigné. Frédéric II voulut avoir le portrait de ses chevaux. Jules Romain s'empressa. Rien de mieux. Mais sa docilité devait-elle aller jusqu'à peindre ces portraits au-dessus des portes, les quatre pieds sur le chambranle ? Devait-il, même pour complaire au client, exécuter cette autre salle à coquille dont un établissement de bain, de nos jours, ne voudrait pas ? A-t-il pu, enfin, sincèrement concevoir et livrer à la démence de Rinaldo la salle des géants ? C'est une sorte de caveau, aux angles arrondis de manière à former une surface sans joints, un panneau pour Véronèse lui-même. Sur cette « toile » s'enlèvent des figures de quatre mètres cinquante de haut, des rocs qui, au milieu d'un champ, mesureraient vingt mètres de circonférence au moins, le tout autour d'une citerne de dix mètres carrés, au plus. Cela se précipite, roule, se contorsionne, jette les bras et les jambes en l'air avec des raccourcis impeccables — quel chemin, tous les chemins, depuis Giotto ! — gri-

mace, hurle, se tord sur un fond bleu, bleu à
ne plus jamais oser regarder le ciel pur. Celui qui a rêvé cela avait vu commencer la
Sixtine. La force, la splendeur de Michel-
Ange aboutissent à cette dérision, à cette pro-
fanation d'un pinceau magnifique tombé dans
des doigts de manœuvre, que la facilité et
l'inconscience d'un Jules Romain n'ont pas su
modérer, diriger ou interdire.

Je me suis amusé, un instant, à rechercher
ce que Rubens, qui passa huit années à Mantoue, put bien acquérir à cette fréquentation.
Et je crois bien l'avoir trouvé dans la *Sala di
Troja* au Corte Reale, au palais du Té dans la
Sala di Psyché. Il emporta d'ici les décors, les
lourdes colonnes torses entre autres, de ses com-
positions mythologico-réalistes, de ses œuvres
médicéennes, le goût des formes abondantes
et des corps abandonnés, des nus voluptueux,
qu'il affermira lorsqu'il aura sous les yeux ses
modèles flamands. Il emporta aussi une leçon
de mesure, à voir ce dérèglement. Le portrait
de ces chevaux au-dessus des portes ne put pas
le trouver indulgent. Et lorsqu'il se voyait
condamné à accompagner le duc Vincent dans

le Casino della Grotta, tout garni de petits co-
quillages de rivière mélangés de cailloux, ce
dut être avec soulagement qu'il reçut l'ordre
de partir pour l'Espagne.

Ma pensée se reporte alors au Corte Reale,
que j'ai fui tout à l'heure. Le Té, c'est le
Reale qui a duré. Et je ne sais plus maintenant si je n'aime pas mieux la mort de
l'un que la vie de l'autre. Le Corte se dresse
moins funèbre dans ma mémoire. Ses ruines
ont de la grandeur, comparées à cette conservation. Je puis m'imaginer du moins que ses
arabesques avaient de la beauté, ses stucs de
l'éclat, ses plâtres de la gaîté, ses boiseries de
la plénitude. Tout à l'heure, lors de ma promenade dans la dévastation, je maudissais l'im-
piété qui laissait se pulvériser un palais tout
entier, d'une unité exceptionnelle. Je me demandais par quelle imprévoyance on abandonnait un tel exemple, même de goût méchant,
instructif après tout. D'ailleurs, qu'est-ce que
le goût ? L'art de mettre sa cravate, dit Goethe,
dans les choses de l'esprit. Quoi de plus chan-
geant que la façon de nouer une cravate ? Et je
songeais que l'entretien de ces cravates-là,

dût-il engloutir tout un budget, s'imposait à des politiques avisés, qui se préoccuperaient de l'enseignement historique et artistique.

Rome fait bien, je le vois clairement au palais du Té, de laisser les vers accomplir leur besogne. S'il faut absolument garder un modèle de ces arrangements, le Té y suffit. Rien ici, si l'on s'en tient à l'absolu, ne mérite rien être que ruine. Ce n'est pas un palais, c'est la salle des fêtes, c'est la salle de jeu d'un casino. Et pourtant des princes amis des arts, savants, évoluaient parmi ces décors. Des princes qui recherchaient les artistes, les cajolaient, les enrichissaient, vivaient avec Mantegna, Jules Romain, Arioste, Torquato Tasso, Rubens, Alberti, Arétin, qui suspendaient à leurs murs des Bellini, des Vinci, des Francia, des Corrège, des Raphaël, des Palma, des Andrea del Sarto, des Titien, des Véronèse, dont les musées de Vienne et de Paris s'honorent aujourd'hui. Isabelle d'Este vécut ici, au milieu d'une cour aimable et éclairée. Vincent, beau, chevaleresque, galant, lettré, délivra Torquato Tasso de sa prison et le consola ; Vincent fastueux, pro-

digue, dont la troupe comique était si célèbre
que le roi de France la manda à Fontainebleau ; Vincent qui avait épousé une Médici,
Eléonore, la sœur de notre Catherine ; Vincent qui, entre deux expériences d'alchimie,
ouvrait des ateliers de tisseurs, de brodeurs,
de miniaturistes, achetait des tableaux avec
frénésie, à Rome, à Ferrare, à Vérone, jusque dans les Flandres ; Vincent qui envoya
Rubens en Espagne sous le prétexte discret
de lui faire porter des présents au roi. Des
cardinaux avisés, François et Hercule, ont
promené leurs yeux d'enfants sur ces murs
enguirlandés ; le vainqueur de Florence, Ferdinand, premier duc de Guastalla, était le
frère du duc Frédéric ; Francesco Gonzaga
fut un illustre condottiere ; Louis II fit peindre par Mantegna « la chambre des époux » ;
et tant d'autres, tous cultivés, vrais grands
seigneurs, avec tous les vices de leur temps
et de leur rang, mais en ayant aussi toutes les
vertus.

Quel principe de mort était donc au fond
de cette race ? Quel ver, comme les choses
qu'elle bâtissait, gardait-elle caché au fond

de son être, pour qu'elle ait disparu comme disparaît son œuvre, se liquéfiant elle aussi, et finissant en Ferdinand-Charles qui vendit le Montferrat à Louis XIV afin de pouvoir aller à Venise passer le carnaval et dont la crapule était si forte que le Sénat de la République défendit à ses patriciens de le fréquenter ?

Comme les Carrara à Eccelino, les Gonzaga, féodaux de la campagne de Mantoue, se sont substitués au podestat-tyran de la ville, Passerino dei Bonacossi, dont Lodovico dei Gonzaga est le cousin et le beau-frère. Les Gonzaga sont donc, comme les Carrara, issus de l'évolution même des cités vers la seigneurie. Ils s'implantent d'abord par le crime. Les fils de Louis tuent Passerino. Et la famille des Gonzaga se développe selon la loi générale ; elle est synthétique du mouvement italien. Elle va être le symbole vivant de ce que sont les seigneurs et de leur fin.

*
* *

Les Gonzaga sont gibelins ; ils s'appuient

sur l'empereur, dès les premiers temps de leur puissance. D'abord simples seigneurs, ils deviennent marquis en 1407, moins d'un siècle après le meurtre de Passerino. Ils avaient lutté contre Milan qu'ils haïssaient. Des querelles conjugales, accusations réciproques d'adultères et de concubinages, étaient le prétexte, entre eux et Visconti, de cette inimitié dont la jalousie politique était le motif. Le premier marquis, Jean-François, commença la grandeur de sa maison, au milieu de ces abominations familiales. Louis II, fils de Jean-François, oublie ces injures lorsque son intérêt le lui commande. Il profite de la promotion de Sforza pour effacer les souvenirs fâcheux et il s'allie au puissant condottiere devenu seigneur de Milan. C'est ce Louis II qui appela Mantegna à Mantoue en 1463 et lui fit peindre la « Chambre des époux », que l'on voit encore aujourd'hui, au Castello. Il avait le goût des lettres et des sciences ; Victorin de Feltre était le précepteur de ses enfants. Ceux-ci étaient élevés dans une école réputée, où tous les seigneurs du voisinage envoyaient leur fils, et qui mérita par son enseignement

aimable le nom de « maison joyeuse ».
Voyez cette heureuse et touchante famille,
telle que Mantegna nous la montre. Barbara
de Brandebourg est assise au-dessous de son
époux, lourde matrone couronnée d'enfants,
à la bouche épaisse, mais pleine de bonté.
Louis se tourne avec un ennui bienveillant
vers un messager obséquieux. Autour d'eux
des jeunes gens, des jeunes filles, une cour
de seigneurs et de valets. C'est la famille
patriarcale dans toute sa tranquillité et toute
sa tendresse. L'autre face, maintenant. Gonzaga, sur ce panneau, revient de la chasse et
accueille son frère le cardinal. Il n'est plus
un père que l'on surprend au milieu de ses
occupations familiales. Il est un grand seigneur qui vient d'accomplir un devoir et
rend au ministre de Dieu un hommage défé-
rant mais digne. Regardons-le, tandis qu'il
accomplit ses fonctions, nous le devinerons
peut-être. Ce cou à mille plis supportant la
tête pointue, au nez démesuré, aux oreilles
longues et étroites, aux yeux proéminents,
ces épaules larges et lourdes sont d'un taureau, d'une bête solide, qui ne se laisse pas

traquer, prête à l'attaque pour se défendre mieux. C'est bien l'homme qui a dépouillé son second frère et l'a livré à Sforza, mais c'est aussi le protecteur avisé de Victorin de Feltre et de Mantegna : cette main longue, au geste doux et craintif, ce bras mince, ces jambes fines ne peuvent appartenir qu'à un prince cultivé, ami des lettres, qu'il étudie avec zèle. Bizarre mélange, si ordinaire en ces temps illogiques où l'Italie se constitue au rebours de ses destinées.

François III, l'élève de Victorin, inaugure la période la plus brillante des Gonzaga. Il préside à l'époque d'Isabelle d'Este et de l'alliance avec la France contre Venise qui, l'ayant fait prisonnier, la relâche, touchant accord, sur la prière du pape et de Bajazet. Lisez le *Courtisan* de Balthazar Castiglione et vous connaîtrez la cour des Gonzaga à l'époque d'Isabelle. Tous les personnages en sont pris à l'entourage d'Isabelle et de François. Les mœurs générales sont légères, mais le couple seigneurial est respectable et uni. Il tolère des désordres qu'il ne pratique pas. On ne peut douter, d'ailleurs, de l'empire d'Isabelle sur son mari. On va voir l'influence de l'amie d'Arioste s'exercer jusqu'à sa mort, pendant tout le règne de son fils, Frédéric II. Celui-ci continue, — Isabelle vivant auprès de lui pendant vingt années encore après la mort de son mari et ne précédant son fils dans la tombe que de quelques mois — Frédéric II continue les mœurs de François III. Il appelle Jules Romain et, sous l'inspiration d'Isabelle, lui commande les travaux du Corte Reale, du Té et lui livre à décorer toute la ville. Homme de goût, instruit, aimable et, en somme, pour son temps, paternel, il voit sa cour recherchée par les plus savants, les plus artistes, et les plus puissants. Les lettres d'Arétin nous le peignent, lui et Mantoue, au vif, les lettres et une comédie, le *Maréchal*, terrible dans sa naïveté autant que dans sa malice.

C'est sur Frédéric qu'Arétin va essayer ses premières forces. Nul, comme Arétin, n'a su exploiter la vanité humaine, en tirer sa subsistance. Nul n'a su mieux que lui doser la platitude et l'insolence pour s'en faire des rentes. C'est à Mantoue qu'il fourbit sa plume.

Après un premier séjour au Corte, Arétin voit tout ce qu'il peut tirer de Frédéric. De retour à Rome, il crie les louanges du marquis à tout venant, principalement au pape, son protecteur, Clément VII-Guilio dei Medici. Et il chante Frédéric en vers obséquieux. La chanson est si belle que Frédéric envoie aussitôt au chanteur deux chemises brodées d'or, deux de soie, et deux escoffions d'or. Après la mort de Jean-des-Bandes-Noires qu'il assiste à son dernier soupir, exhalé aux portes de Mantoue, Arétin vient se réfugier chez Frédéric et il se fait craindre aussitôt en composant des satires contre la cour de Rome — à qui il devait à peu près tout. Frédéric comprend et comble Arétin de présents. Pas assez, pourtant, au gré d'Arétin qui injurie le pape de plus belle, tellement qu'il lasse Frédéric, peu désireux de se créer des affaires à Rome. Arétin est chassé et il part pour Venise, renseigné pleinement sur un art qu'il va exploiter en maître pendant vingt-cinq ans.

Et pourtant, à quoi n'était pas résolu Frédéric en faveur d'Arétin lorsque nous savons, par une lettre, qu'il était allé jusqu'à s'entremettre afin de décider le petit Bianchino à céder « au magnifique et doctissime ami très cher » ?. Cette négociation était moins répugnante sans doute, qu'elle ne paraît pas aujourd'hui. Même réduite à une valeur féminine, elle est encore suffisante pour nous montrer les mœurs du temps et de la cour la plus policée, la plus intelligente et la plus artiste de ce temps.

Dix ans avant de mourir, en 1530, Frédéric avait été fait duc de Mantoue par Charles-Quint. Gloire suprême, honteuse gloire. Gonzaga livre Mantoue à l'empereur, la lui vend pour un titre ; toutes les luttes, tout le sang répandu, tout finit dans une gloriole nominale, dans la bassesse et la sujétion. Mantoue peut s'accroître du Montferrat, elle pourrait même s'adjoindre l'Italie ! Mantoue n'est plus qu'une citadelle de l'empire, un coin enfoncé par l'Allemand dans l'Italie, où il va rester jusqu'au xix⁰ siècle, le dernier de tous. Mantoue paie cher ses débuts sous la comtesse Mathilde, qui contribua à la création de la théocratie et mena contre les villes indépendantes une lutte sournoise et enragée.

Mantoue était fière de sa Mathilde. Comme Vérone, elle crut que ses seigneurs allaient renouveler les temps splendides. Toutes deux seront promptement détrompées et toutes deux succomberont. Mantoue aura la satisfaction de voir ses marquis promus ducs, et de recevoir dans son enceinte Charles-Quint qui résida près d'un mois au Corte, mais les ducs de Mantoue ne seront que des valets. Pendant près de deux cents ans on les voit se cramponner au trône germanique, jusqu'à ce que l'empereur se décide à les renvoyer, ainsi qu'on chasse un mauvais domestique. Vincent II, le protecteur de Rubens, retrouvera dans ses veines quelques gouttes du sang d'Isabelle et de François, les arts le distrairont de son inutilité. Cette lueur éteinte, les ténèbres régneront sans partage. Le dernier Gonzaga meurt, déchu par l'Empereur, à Padoue, en 1708. Le duc de Guastalla réclame l'héritage ; le petit-fils de Charles-Quint rejette dédaigneusement la demande du petit-fils de Ferdinand Gonzaga, le vainqueur, au compte de l'aïeul, de Florence. Et lorsque Alfred de Musset dressera dans sa comédie son ridicule prince de Mantoue, personne ne rougira en songeant à Frédéric et à François.

De toutes les merveilles entassées à Mantoue par les Gonzaga, j'ai vu tout à l'heure ce qui restait aujourd'hui. Des gravats et des moisissures. L'œuvre décorative de Jules Romain s'en va en poussière et en eau. Vienne, si elle les emporta dans un autre souci, a du moins sauvé, Paris aussi, les tableaux. Dépenaillée, déchirée, éventrée et croulante, Mantoue après qu'on a réveillé dans ses couloirs suintants l'ombre de ses fastueux seigneurs, Mantoue est symbolique de la race des Gonzaga, elle en synthétise la pensée et l'action.

L'œuvre mantouane des Gonzaga ne pouvait etre durable. Elle devait disparaître à son tour, comme eux-mêmes disparurent. Les Gonzaga ont poussé, ainsi que tous leurs congénères, sur le sol italien, en le violentant au rebours de ses facultés. Ils se sont instaurés par traîtrise, non pas envers Passerino qui leur avait donné l'exemple et aurait agi comme eux, mais envers les aspirations du peuple. Ils profitèrent de la lassitude générale, du besoin de travailler en paix, pour établir leur tyrannie. Acceptés pour ce qu'on

attendait d'eux, protection et administration
sage, ils ont transformé ce rôle tutélaire en
despotisme et en exaction. Leur œuvre ne
peut durer. Charles-Quint aux uns, le pape
aux autres, Venise aux troisièmes, le font bien
voir.

Ils mettent, le moment venu, les jetons
dans leur sac et en constituent gardiens les
premiers voleurs. Le flibustier devient gen-
darme. Il aime encore mieux travailler pour
le compte d'autrui que de ne plus travailler,
c'est-à-dire jouir du tout. Paradoxes italiens,
les illogiques seigneurs ne peuvent que construire dans le vain, le superficiel et l'éphé-
mère.

La déliquescente Mantoue d'aujourd'hui est
l'image miraculeusement prolongée de l'Italie
en 1530 et de ce qu'elle restera jusqu'à nos
jours. Ce n'est plus le Corte Reale que j'ai vu,
c'est l'Italie tout entière, qui échoua dans sa
magnifique besogne d'émancipation. Palais du
Té, Gonzaga, Italie ne font qu'un. L'harmonie
est prodigieuse. Et si j'ai été bouleversé comme
je le fus, ce n'est point sans raison. Si les gaî-
tés funèbres du Paradiso, si les sourires poi-

gnants de la *Sala di Psyché*, m'ont tant ému, ce n'est pas seulement par leur propre décomposition, par leur cadavérique splendeur, c'est parce qu'ils sont l'expression même de l'enseignement que je suis venu chercher en Vénétie et en Toscane. Voilà à quoi ont abouti les efforts des communes italiennes. La lutte contre les Goths, contre les Lombards, contre les rois, contre le pape, contre l'empereur, contre les seigneurs féodaux, contre le condottiere, contre le podestat, contre Venise, contre Milan, la lutte contre soi-même, toutes ces batailles d'enragés d'indépendance et de liberté finissent dans cet épuisement. L'âme italienne s'affaisse, s'effrite, fond et s'écroule, comme Mantoue. Des cendres, rien que des cendres, voilà tout ce qui reste, des cendres et de la boue.

Pierre Bembo, dans *le Sarca*, nous dit que le fleuve Sarca célébrant ses noces avec la nymphe Garda dans une grotte du Monte Baldo, entendit avec ivresse les prédictions de Mento, fille de Térésias, qui annonçait la naissance de Mincius, fondateur de Mantoue et père de Virgile. D'une destinée aussi glorieuse et accomplie dans ses prémices, voilà ce qu'ont fait le parjure et l'abandon de soi. Pétrarque, farouche citoyen, surprenant visionnaire, prophète illuminé, qu'en dis-tu ?...

VIII

LA VOIX DE PÉTRARQUE

Arqua-Petrarca.

Voici ma dernière étape avant Venise. Je vais enfin mettre le point final à mon souci. Lorsque Pétrarque aura fourni la moralité de mon voyage au pays vénitien, comme il la donna à mon voyage toscan, j'irai librement vers Saint Marc et son lion dévorant. Je saurai pourquoi Venise absorba les villes que je viens de parcourir, comme je compris à Arezzo pourquoi la Toscane succomba ; je verrai d'un œil limpide et insoucieux, tout à la lumière et à la beauté, l'incomparable cité dont on ne sait s'il faut s'émerveiller davantage lorsqu'on contemple son paysage ou lorsqu'on regarde ses chefs-d'œuvre. Depuis deux ans, je ne vivais que de cet espoir : achever ma tâche, entreprise sans l'avoir nettement voulu peut-être, d'autant plus chère qu'elle s'imposa peu à peu à moi avec la force de l'inéluctable nécessité. Puis, cela fait, ne plus songer qu'au bonheur de vivre dans la mollesse des lagunes et dans la majesté de la Giudecca. L'esprit dégagé, je m'abandonnerai à la volupté de baigner dans une harmonieuse et vigoureuse beauté. Lorsque j'aurai saisi le sens complet de l'Italie morale, de son histoire, plus rien n'entravera mon plaisir par la recherche d'une signification sociale. Je n'aurai point fait œuvre vaine. Connaissant les causes, en ayant tiré, du moins pour moi, une philosophie de la grandeur, puis de la chute, enfin du relèvement de l'Italie, je marcherai sûrement sur ce sol et chaque vision d'art viendra réveiller, sans qu'il soit besoin de la rendre aiguë, un léger son de cloche tout au plus, la conscience que j'ai prise de Dante et de Pétrarque. Bien assis dans ma selle, les genoux descendus, je chevaucherai dans la prairie latine, insouciant d'un équilibre que je serai sûr de conserver, tout à la joie de regarder, d'admirer et de sentir.

Ainsi je me promets d'innocents et enivrants plaisirs, tandis que le vetturino qui m'emporte vers Arqua me meurtrit les reins, dernière leçon de stabilité. J'ai jeté un coup d'œil, en passant, sur la forteresse ruinée de Monselice d'où partirent les colons de Malamocco, lors de l'exode des Vénètes vers la lagune. Elle fut comprise dans la donation de Charlemagne et ce ne fut qu'en 1509 que les Vénitiens s'en emparèrent. Et je me rappelle ce que raconte Daru de ce siège mémorable où les Allemands, plutôt que de se rendre, se laissèrent brûler, à moins qu'ils ne sautassent par les créneaux pour être reçus sur la pointe des piques. Sur ma droite, cependant, les monts Euganéens mêlent leurs sommets et leurs pentes. Le solitaire de la Sorgues, lorsqu'il eut vu leur fraîcheur et leur abandon, voulut mourir parmi leur douceur et leur tendresse. Attirante et bienveillante Euganée, où l'on voudrait couler ses jours ! Petites montagnes, gentilles vallées, verdures menues, vous êtes l'asile le plus calme et le plus charmant ! Poussés là, comme une herbe folle, loin des Alpes dont ils semblent le dernier rejeton, les monts Euganéens ont perdu toute

force et toute rudesse. Plus de pics mons-
trueux, plus de neiges, plus de rocs. Des
lignes infléchies, des mamelons bien arrondis,
des oliviers et des ceps. Quelque cataclysme
un jour dut soulever ici le sol et disposer ces
rochers. Ils furent gagnés par la paix et la
fraîcheur d'alentour et s'installèrent. Ils sont
là, en troupe, petite société de montagnes
tranquilles, qui ne se jalousent pas, ne cher-
chent pas à se dominer mutuellement ; chacun se contente de sa part de sources. Ils
travaillent d'accord, en idéale république,
toujours riants, heureux, poussant chaque
année leurs fruits. Ils échangent entre eux
les pollens de leurs fleurs ; ils veillent l'un
sur l'autre, se protègent mutuellement des
frimas du Nord et des ardeurs du Midi.
Ainsi que les îles des lagunes, les monts
Euganéens se sont fédérés et, sans ambition
comme sans paresse, ils accomplissent allègre-
ment leur tâche commune. Sages, modérés
dans leurs désirs, ils se prêtent généreusement à ceux qui viennent les féconder. Et leur
manteau verdoyant épandu à leurs pieds forme
un abri pour l'homme indigent qui veut implo-

rer leur tranquillité, s'y étendre, sans payer d'autre salaire que son plaisir et sa reconnaissance. Ils sont bons, simples, modestes ; ils sont heureux.

La route, peu à peu, sautant des ruisseaux, perçant des haies, pénètre la montagne et n'est bientôt plus qu'un ruban tombé d'une épaule. Le chemin côtoie une haie touffue et haute. Brusquement une trouée se fait dans les arbustes et Arqua m'apparaît. Sur un mamelon, tout petit au milieu de ses frères, dernier né de la famille euganéenne, l'église rassemble son troupeau de chaumières autour de ses murs grossiers. A gauche, après une dépression que l'on devine, les maisons escaladent les pentes qui se couronnent une dernière fois d'un clocher, vieille tour abandonnée. Tout autour, c'est la mollesse des vallons et des collines fleuries, au feuillage gris de l'olivier, aux solennels et sombres cyprès. Arqua, sur sa pointe, est baignée de verdure, cachée aux regards indiscrets, mais fière de sa beauté, comme l'épouse fidèle qui ne montre ses trésors orgueilleux qu'à l'époux amoureux.

J'ai laissé sur ma droite l'église et sa petite place où se dresse le tombeau du grand citoyen et je me suis hâté vers la maison sainte, là-haut, auprès de la tour abandonnée. Je veux suivre la même route que suivit le vieillard attendri, lorsqu'il monta sur la colline de son repos et qu'il la quitta, les pieds devant, pour reposer près de la blanche église. Un chemin raide, vrai chemin de calvaire, me conduit. Et à mesure que j'approche, est-ce l'émoi, est-ce la montée ? mon cœur bat plus vite. En mon esprit se précipite un flot brouillé de pensées confuses, une sorte de griserie que je m'efforce de calmer, où je veux mettre de l'ordre. Je sais bien que je puis m'abandonner tout à la joie et que la petite maison où Pétrarque acheva de vivre n'aura que des grâces. La familiarité des chambres n'est point génératrice de déductions graves. Dans la maison de Pétrarque je ne veux être que ému. Et au moment où je franchis la grille du jardinet touffu, débordant d'églantiers et de mimosas, dont les bouquets me permettent à peine d'apercevoir les toits plats, j'arrache une petite rose que je fixe au coin de ma bouche, en signe de conquête. Ne suis-je point ici presque chez moi ? Je m'y promène en pensée depuis un si long temps que je pourrais y vaguer aveugle. Et, le long de l'allée, je m'avance d'un pas assuré vers les marches vénérables où Pétrarque posa son pied prudent de vieil homme fatigué.

Il existe une pudeur des lieux. Non point la crainte de les profaner, mais plutôt l'appréhension dernière qui vous fait craindre de profaner votre propre rêve en le touchant enfin. Dès que votre main l'aura saisi, il va s'évanouir peut-être, ainsi que les fabuleux fantômes ? Et s'il résiste encore à ce contact, pourra-t-il tenir contre tant d'autres ennemis ? Il ne vous est pas permis de vous trouver seul à seul avec lui. Des hommes vivent parmi ses aspects. Voyez-les accourir au-devant de vous ! Vous avez peur qu'ils ne vous épient, ne lisent sur votre visage la douleur ou la joie qui vous agitent. Vous craignez pour la pureté et la plénitude, pour l'ivresse de votre communion, vous craignez ces témoins, des hommes comme vous et qui, peut-être, vous plaindront.

Déjà, il y a longtemps, à Combourg, j'ai éprouvé cette gêne. Lorsque je pénètre dans la petite chambre de la tour du chat, tout bas je demande pardon à Chateaubriand de cette invasion. Le bruit de la voix qui impose son boniment fait de moi un touriste ahuri. Je voudrais m'incliner et rêver, il me faut regarder les murs et m'exclamer. Si je reste en mon coin, je vais scandaliser le bonhomme et la fournée qui est entrée avec moi. Je crains aussi que ma présence, à moi fidèle et pieux, ne gêne l'âme errante sous ces courtines. Sa délicatesse et son ennui vont me reprocher de secouer son sommeil. Brutus n'eut jamais honte de son crime ; la nuit, il entendait le *Tu quoque* et il rougissait.

C'est la même douleur, ici, qui m'étreint. Au prix de n'y pas entrer moi-même, je voudrais que la maison fût fermée et que personne n'y importunât le souvenir sacré. Vais-je donc donner mon trouble en spectacle ? Avec quelle envie d'y poser mes lèvres, je pose, ayant gravi les marches, mes mains sur la pierre de la *loggia* ! A mes pieds s'étend le jardin envahi d'arbustes. Plus loin le village dresse ses mai-

sons rousses, la montagne déverse ses coteaux
et répand ses vallons. Voilà bien la sérénité
et la paix qui convenaient au vieil homme las.
Petits horizons, petit jardin, petite maison,
lieux disposés pour un exalté que l'âge vient
d'apaiser et qui se prépare à mourir dans la
douceur gentille d'un paysage joli. Tout est
resté tel que Pétrarque l'aima. Mes doigts ca-
ressent la pierre même qu'il caressa, mes yeux
regardent les mêmes horizons. Cette rose que
je mâchonne est la sœur de celle qu'il respira
et c'est encore le même parfum qui nous enivre
tous les deux.

Je suis entré dans la maison. Cinq pièces
la composent, une, grande, flanquée de deux
petites, de chaque côté. Des souvenirs, d'une
touchante insignifiance, sont disposés le long
des murs et, sous une vitrine, quelques feuil-
lets manuscrits, des plumes, de la poussière
d'objets familiers. Plus loin, un portrait de
Laure, une Laure au sourire et au regard de
coquette ; un portrait de Pétrarque chaperonné, à la lèvre mélancolique et bienveillante · au bas du cadre sont peints un livre,
un encrier, une lyre, une couronne de laurier,

une trompette, toute sa vie. Le travail et l'action, l'idéal et la gloire. J'ai vu déjà bien d'illustres demeures. A Combourg, à Francfort, à Tréguier, je me suis promené parmi les êtres qui entourèrent ceux qui sont tout mon culte et toute ma foi. Pourquoi, dans cette maison, si modeste et si nue, mon sang court-il plus vite, pourquoi ma main tremble-t-elle lorsque je prends la plume et signe au registre ? Pétrarque, s'il est ma tendresse héroïque, n'est point mon maître ni ma vie ! C'est que je viens ici, au soir de ma recherche, comme il y est venu, au soir de son tourment. J'ai erré comme il erra, pour demander aux pierres et aux souvenirs la raison de leur existence et de leur mémoire. Il accourut vers cette tranquillité afin de mettre ordre à ses pensées et de finir ses jours en majesté. J'y viens à fin de moralité. Comme lui, je veux, à Arqua, descendre jusqu'au fond des idées qui naquirent sous mes pas. Je veux les classer comme il classa ses manuscrits précieux et, ainsi qu'il porta son bagage à Venise, je veux faire un ballot de mes sensations pour les déposer demain dans la discrète lagune. Arqua n'est pas la maison où l'homme s'éveilla, où il se forma et prit la forme indélébile qu'il mena parmi les hommes indifférents ou jaloux. Elle est la maison où l'homme voulut s'endormir. Combourg, Tréguier, Francfort, marquèrent leurs enfants d'une empreinte éternelle. C'est comprendre Chateaubriand, Renan et Gœthe que de plonger dans l'atmosphère où ils vagirent. Ici, je ne comprends pas Pétrarque, mais je le sens intensément. La moindre ville m'en dit plus long sur son œuvre que ces murs pauvres et décrépits. Mais aucune ne me met plus près de son cœur, non point ce cœur transi que la postérité amoureuse lui a fait, mais ce cœur vaillant dont l'histoire se souvient. La petite maison qu'il a choisie, plein de jours et de renommée, est comme le crépuscule limpide d'une journée orageuse. Arqua est par sa sérénité, son lointain et sa douceur, le couronnement d'un labeur infatigable et fertile. Celui qui te choisit, humble maison, vint abriter sous ton toit, les derniers jours d'une existence passionnée. Il avait, en venant ici, conscience de la tâche accomplie. Tu étais, pour lui, l'étape du tombeau. Il voulut, parmi tes roses,

attendre que la barque funèbre qui passa sur
l'autre rive les empereurs et les papes, vînt
l'enlever à son tour. Rien ne t'imposa à lui
que sa volonté et sa conscience. Asile élu entre
tous, tu es éloquent par cette élection même !
Le grand Italien, l'âme de l'Italie, celui qui
transmit à ses frères le flambeau conducteur,
l'idée directrice et résuma en son cœur le
soupir des enfants d'Énée, celui-là ayant vu
Rome, Florence, Milan, Vérone, Padoue, Avignon, Vaucluse, quitta sans regret ces murs
dont les pierres se vantaient de son concours,
ces rêves dont ses lauriers chantaient la fidé-
lité ! Tu fus, au milieu de ton paysage agreste,
mystérieux et pacifique, le soupir d'un vieil
homme dont le bras n'a plus de force, mais
dont l'âme bouillonne toujours. Tu es la retraite. Celui-ci se cacha derrière tes simples
murs afin d'y mourir dans le silence, parmi
le scintillement des olives et des raisins. Il
voulut, à ton abri, exhaler peu à peu son
dernier souffle et le rendre à la terre mater-
nelle qu'il dominait du haut de ta colline. Avec
tes parfums, son souffle s'épandrait sur sa patrie et la féconderait encore une fois, par delà

la vie. Petite maison d'Arqua, je t'aime entre
toutes, parce qu'il te choisit pour enseigner
l'univers. On apprend, sous ta petite *loggia,*
qu'il n'est rien de vrai ni de grand que l'idée,
que l'idéal, que la foi en la raison, en la
beauté. Tu es nue, ainsi qu'il l'était à peu
près, en venant ici, mais je te pare comme il
se paraît de son œuvre féconde. Et ton rayonnement est infini, comme son rayonnement
est impérissable. Lorsque sa dépouille appa-
rut au haut des marches de la loggia, pour les
descendre une dernière fois, le peuple accouru
poussa un grand cri et pleura. La petite rose,
déjà fanée, tombe de ma lèvre tremblante, au
moment où je suis le chemin tracé par le cer-
cueil, et je la laisse se mêler à la terre qui
porta ses derniers pas. Qu'elle soit mon hommage à celui avec qui je viens de vivre tant
de jours, que j'ai poursuivi jusque dans son
sépulcre et dont j'ai fait mienne, en mâchant
cette rose, la leçon.

*
* *

Sur le tertre où l'église étend ses murs plats,

le sarcophage de marbre rouge repose sur quatre pieds. Le masque chaperonné du poète le domine. Et l'inscription latine s'éplore de n'abriter que de froids ossements. *Suscipe virgo parens animan !* De petits enfants, qui jouent autour de moi, ne semblent guère comprendre cette injonction de l'épitaphe. Peu à peu, ils se rapprochent en criant, et l'un d'eux, d'un bond, franchit la grille qui protège l'éloquente pierre et va s'abriter entre les piliers, en éclatant de rire. Les autres le suivent et c'est bientôt, sous les froids ossements, la jeunesse chaleureuse qui se joue. Je les regarde, ces *bambini* pour qui Pétrarque apostropha tant de fois l'univers. A eux comme à leurs pères il est indulgent et tutélaire. Il doit leur sourire sous son marbre, il sourit à son espoir, à sa foi. De l'église, pourtant, voici le prêtre qui sort et, avec des paroles douces, chasse les profanateurs innocents. Il se tourne alors vers moi, me tire sa barrette, laisse tomber ces mots en hochant la tête : *Sic transit gloria mundi* ! et s'éloigne justement content de soi.

Non, Padre, la gloire de celui-là ne passera

pas ; elle n'est point faite de respect mais d'adoption. Elle grandit chaque jour et je vois s'avancer l'heure où la conscience italienne brisera la pierre qui la tient captive et rajeunira la vieille terre de la patrie. Je l'entends déjà qui se réveille ; sa voix va retentir, formidable. Qu'elle me parle une dernière fois !

Aux premiers âges de Rome, la République ne formait point un État unitaire. Rome présidait à la destinée générale de la péninsule, mais elle laissait à chaque expression communale son indépendance intérieure. L'Italie formait, ainsi que l'a très bien vu l'historien Ferrero, une fédération de républiques rurales dont Rome était le lien et non la maîtresse. Mais Rome dévia de son œuvre fédérative et tendit à l'unité que l'Empire réalisa. L'Italie alors, dont le génie primitif était dans la fédération et non dans l'unité, s'agita et se révolta ; les proclamations des empereurs par les légions ne sont que l'expression de ce génie ; les républiques italiennes protestaient contre l'unité impériale. Ce furent elles qui l'emportèrent lorsque l'empire se divisa. Le pape devint le champion de la fédération, le soutien de la

démocratie italienne et le succès de l'idée
guelfe, dont il fut l'agent, est né de cette con-
formité du guelfisme avec les aspirations populaires. Ce fut cette confusion de la cause
chrétienne avec la cause italienne qui fit la
grandeur de l'Église. Par deux fois, contre les
Goths et les Lombards, le Pape galvanisa les
républiques contre les étrangers qui voulaient
ressusciter l'empire en instaurant le royaume.
La faute de la papauté fut d'appeler les Franks
pour cette libération. L'Église ne vit pas qu'elle
tendait à réédifier ce qu'elle venait de détruire, à le réédifier, soit au profit de l'empire, soit à son propre profit. Au lieu de se
constituer la gardienne de la fédération italienne, l'Église, en effet, se laissa entraîner,
sous le prétexte de barrer la route à l'Empereur
avide, à assurer son propre pouvoir despoti-
que, auquel son dogme ne la prédisposait
que trop. Elle était bien l'Église qui, deux ans
après avoir obtenu l'édit de Milan qui autorisait
son culte au même titre que les autres, exigeait
la prohibition de tout autre culte.

L'ambition temporelle était née du pacte de
Charlemagne. L'Église fera tous ses efforts

pour maintenir celui-ci. Othon descendra le renouveler aux dépens des rois autochtones, dont l'Italie ne veut pas plus qu'elle n'a voulu des rois conquérants. Si l'Italie accepte le pacte, c'est parce qu'elle sent le pape solitaire dans sa donation et l'empereur trop loin pour qu'il puisse la subjuguer longtemps. Nous avons vu ce jeu à Vérone, en regardant les rois, Béranger et Hugo. Et les communes se constituent, se réclamant, selon leurs origines ou leurs ambitions, les unes de l'empire, les autres de l'Église.

Ne croyons point pourtant qu'elles acceptent du pape ce qu'elles ont refusé d'Othon ou des rois, qu'elles acceptent des Othon ou des Henry ce qu'elles refusent du pape. Si elles invoquent l'un ou l'autre, c'est en vue de leur indépendance, de leur autonomie. Elles ne mettront aucune pudeur à passer successivement du premier au second et du second au premier, lorsque le protecteur du moment deviendra trop puissant. Si les communes guelfes sont les plus fortes et les plus nombreuses, c'est qu'elles sont, toutes, filles des vieilles républiques rurales. Elles sont, essentiellement latines. Ce sont elles qui, en l'an mille, demandent à l'évêque de les soutenir dans leur lutte contre les derniers débris de la monarchie. L'empereur s'inquiète de cette destruction des vieux restes unitaires. Que va-t-il devenir en présence de ces insaisissables, parce que multiples, pouvoirs communaux que l'Église fédère ? Voici venir la lutte sauvage d'Henri IV et d'Ildebrand ! Le pape triomphe, l'unité est donc constituée au profit de l'Église ? L'Italie ne veut pas plus de cette unité catholique que de l'unité germanique. A peine le pape l'a-t-il délivrée qu'elle se retourne contre lui, logiquement. Et cette élection des évêques que l'empereur et le pape se disputaient, c'est la commune, en fin de compte, qui l'obtient.

L'évêque, nommé chef des cités, devient aussitôt leur tyran. Les cités frémissent et rejettent l'évêque. L'empereur peut descendre, saisir l'occasion de rétablir son pouvoir ; il reste impuissant. Les villes gardent leur autonomie, leurs libertés, sous leurs consuls. Mais ces villes, qui sont de deux sortes, les villes latines et les villes fondées par les rois, se jalousent entre elles. Ces dernières, à la tête desquelles sont Pavie et Vérone, rêvent toujours d'une résurrection du royaume. Les villes latines vont-elles se laisser dominer? Barberousse prétend mettre la paix. Ses descentes n'ont qu'un résultat, le traité de Constance qui reconnaît aux communes le droit de se développer à leur gré, en toute indépendance municipale. — Quatre siècles ont passé depuis Charlemagne, quatre siècles employés tout entiers à ce long effort des communes italiennes pour se constituer en toute liberté, en pleine autonomie. Elles ont fondé leur droit tantôt avec l'aide du pape, tantôt avec l'aide de l'empereur, et, tandis que le pape et l'empereur, victorieux tour à tour, se disputaient le bénéfice de leur intervention, la cité raflait l'enjeu, qui était la vie puis, remerciant son allié d'un jour, s'en allait à sa destinée solitaire.

La commune cependant, pour prospérer, a besoin de travailler. Elle a des bras, elle n'a plus les terres, que les colons romains, autrefois, défrichaient. Ces terres sont entre les mains des seigneurs féodaux sortis des conquêtes gothiques, lombardes et frankes. Brescia nous a dit clairement ce qui s'agitait d'obscure conscience italienne dans la lutte des châtelains et des villes, lutte qui se termine par la victoire de celles-ci. La philosophie générale de cette phase se trouve dans le changement du terrain. Il ne s'agit plus, aujourd'hui, d'acquérir l'indépendance contre le pape ou contre l'empereur. Elle est acquise. Il s'agit seulement de vivre chez soi, et de bien vivre. L'hostilité n'est plus entre cités, elle est dans la cité même, entre ceux qui veulent dominer la commune et celle-ci qui veut rester maîtresse de son évolution. C'est l'axiome de Joubert sur les deux libertés qui fait les frais du combat.

Avec le podestat, choisi par les citoyens pour maintenir les factions, naît alors la grande querelle des guelfes et des gibelins dont la Toscane a déployé sous nos yeux tout le jeu, si varié et si uniforme à la fois. Quelle monotonie prodigieuse ! Rien ne change dans cette diverse Italie ! Les vieilles républiques des colons romains poursuivent leur chemin fédératif. L'ayant tracé en dépit des barbares, de l'Église et du Germain, elles veulent l'achever en dépit de leurs citoyens égarés. De quels dangers la commune n'est-elle pas entourée ? L'empereur est toujours prêt à venir l'aider, bon apôtre ; le pape, onctueux, lui offre ses foudres. Les partis se laissent prendre à ces mirages. Mais, prodige ! chaque fois que l'un l'emporte, au nom du pape ou de l'empereur, c'est toujours pour passer aussitôt dans le camp opposé. Ne faut-il pas suivre la loi fatale de l'autonomie? Et lorsque celle-ci se trouve conquise, le bras secourable est soupçonné de domination, il est remercié et rabattu.

Le podestat, nous l'avons vu à Padoue et à Vérone, instaure peu à peu son pouvoir au milieu de ces querelles. Il fonde bientôt une dynastie, devient seigneur. N'est-ce point le rêve éternel qui va se vivre enfin ? Chaque cité indépendante, sous un maître personnel, peut se développer... Le souvenir du royaume garde les cités en méfiance contre ce nouveau tyran. Celui-ci le sent bien. Il se fait doux, presque toujours, au début. Mais le génie de la tyrannie l'emporte bientôt et les jalousies

de naître entre maisons, entre dynasties nées,
pourtant, d'un père commun, le podestat. Les
communes croient ce que leur dit leur nouveau maître. Elles croient que leurs sœurs les
jalousent. Elles croient que le seigneur voisin
veut rétablir le royaume. A ce nom abhorré
elles se dressent, rugissent et partent en
guerre. Elles marchent l'une contre l'autre, se
battent furieusement, tombent et lorsqu'elles
se relèvent, elles s'aperçoivent qu'elles sont en-
chaînées et que le seigneur vainqueur ne les
lâchera plus. Elles font alors un effort dernier,
sublime éclair, après tant de nuits, de la
conscience républicaine, et courent demander
au condottiere de les délivrer, ainsi qu'autrefois elles demandaient leur salut au pape ou à
l'empereur. Bergame nous l'enseigna : le condottiere est né de l'ambition des seigneurs et
de la misère générale, il est né du sentiment
libertaire. Ainsi que le seigneur, il ne tarde
pas à vouloir installer sa toute-puissance. Par
un suprême effort, les villes se retournent encore une fois, rappellent le seigneur. Mantoue nous a dit ce qu'il est advenu de lui.
Florence et Venise, l'empereur et le pape se

jetteront indistinctement sur tous les cadavres pantelants et se les partageront. Ce n'est qu'au bout de trois cents ans qu'ils ressusciteront à l'appel du Savoie.

*
* *

Un jour, Othon III, étant parti pour un voyage, avec son neveu chéri, Bérold le Saxon, s'aperçoit, au premier coucher, qu'il a oublié ses reliques. Il dépêche aussitôt Bérold, pour les chercher. Bérold chevauche toute la nuit et, au petit matin, arrive au palais impérial. Familier, il entre sans scrupule et sans peine et tombe sur l'impératrice abandonnée dans les bras d'un amant. L'épée haute, Bérold fond sur cette Yseult et la tue. Puis il court se jeter aux pieds d'Othon, qui le remercie. Mais intervient le père de l'impératrice. Le comte de Mons exige que Bérold soit, sinon exécuté, du moins chassé de l'impériale cour où il ne veut pas rencontrer le meurtrier de son enfant.

La mort dans l'âme, Othon se sépara de son neveu chéri et, afin de lui rendre l'exil moins

sensible, il l'envoya en Italie où il lui consti-
tua une marche importante, la Savoie. Hum-
bert-aux-blanches-mains, qui est considéré
comme le fondateur de la maison de Savoie
au xie siècle, passe communément pour le fils
de ce Bérold.

Les premiers temps, les Savoie se montrèrent fidèles défenseurs de l'Empire. Placés derrière le Piémont afin qu'ils veillassent à ce
qu'on ne reconstituât pas le royaume, ils s'ac-
quittèrent avec conscience de leur mission,
puis, pour plus de sûreté, s'agrandirent. Le Piémont, le Valais, la Suze, Nice tombèrent peu
à peu dans leurs mains et leur habileté fut
reconnue par le titre de duc que l'empereur
leur décerna au xve siècle. Ils furent d'habiles
gens. Sans grande foi, sans scrupules et sans
vues élevées, ils grandirent peu à peu par leur
souplesse, leur traîtrise et leur « gagne-petit ».
Et le jour vint enfin où l'un d'eux entra en
lutte contre cet empereur germanique qui,
autrefois, avait créé les comtes et ducs de
Savoie. Victor-Emmanuel prit le titre de roi
d'Italie et l'Italie fut unifiée.

Rien n'était, et rien n'est presque encore,

plus touchant que l'amour du peuple italien pour la dynastie qui l'a délivré des jougs germanique et papal. A l'heure suprême où l'Italie allait enfin mourir, où elle agonisait depuis trois cent cinquante ans sous la botte et sous la croix, un libérateur s'offrit à tenter la fortune dernière, risqua le va-tout et gagna. L'allégresse fut si grande que personne ne s'aperçut que les Savoie, en réalité, recommençaient le vieux coup des condottieri ou des podestats. Eux aussi, ils promettaient indépendance et liberté. Et ce fut pour la gloire des Savoie que l'Italie travailla. Elle resta subjuguée de reconnaissance. Rien ne pouvait la détromper sur ces princes qui, alors que tout semblait perdu, l'avaient ressuscitée. L'Italie était si bas que l'indépendance lui parut le bienfait suprême. Ceux qui la lui donnaient, subtils et adroits, eurent soin de ne pas lui refuser toute liberté. Le peu qu'ils en octroyèrent parut venir des profondeurs du ciel bleu. L'unité, qu'ils apportaient, était sans doute inférieure à l'idéal italien, — et c'est dans la compréhension de cette double nécessité : indépendance et liberté, que l'on peut voir le génie profond d'un Garibaldi —

mais elle était si supérieure à l'état d'où la patrie venait miraculeusement de sortir, que ce fut dans tous les cœurs le plus saint aveuglement. Jamais roi ne fut adoré de son peuple comme ce Victor-Emmanuel qui filouta la liberté. L'Italie, il y a cinquante ans, s'est réveillée guelfe. Où étaient les gibelins, ceux qui pensaient à la liberté ? De pauvres fous, des révolutionnaires, des républicains. Le grand rêve, la réunion, était accompli. Que réclamaient-ils encore ?

Ils eurent beau crier que ce qu'ils réclamaient, au nom de tout le passé, ce n'était pas l'unité mais la fédération, personne ne les entendit ou ne les comprit. Il semble qu'aujourd'hui on commence peu à peu à les entendre et à les comprendre. Savoie ne pourra pas, sur cette terre, réussir mieux que ses modèles de Rimini, de Mantoue ou de Milan. Quelle que soit l'ivresse de gratitude, elle ne peut faire que Savoie ne soit un Eccelino qui a réussi. Il est un Sforza, un Gonzaga, un Malatesta, c'est-à-dire un prince poussé parasitaire sur le sol italien, à l'occasion de services rendus, comme firent aussi les Carrara et les Visconti. Déjà, dans les mouvements qui agitent la péninsule, peut se distinguer le réveil. Déjà commence à s'évanouir le mirage décevant de l'unité. Les Savoie, certains le devinent et le disent, ne furent qu'un instrument ; l'outil, devenu inutile, doit être rejeté. Ne craignons pas de le voir : l'Italie délivrée du joug allemand et du joug papal n'a pas encore réalisé toutes ses ambitions. Le prince est italien ! dit le guelfe. — Mais nous sommes soumis à Rome ! répond le gibelin. Et l'Italie ne veut ni de l'étranger, ni du romain. Lombards, Vénitiens, Toscans, Romains, Napolitains s'unissent dans la joie d'être délivrés de l'allemand, du papalin et du Bourbon, mais ils s'unissent aussi dans le besoin d'être rendus à eux-mêmes, d'être leurs propres maîtres dans leurs patries, dans leurs provinces, dans leurs cités. Faire l'unité n'est que le premier acte de l'affranchissement complet. Le second acte doit être de rendre à chacun la libre disposition de ses destinées intérieures et communales. L'indépendance conquise, il importe de conquérir la liberté.

La monarchie savoisienne ne répond pas à

ce but. Elle n'a compris que la première partie de la tâche, l'indépendance. Elle s'est refusée à la seconde, la liberté. Elle a fait l'unité et non la fédération. Comme les guelfes, elle a cru qu'elle avait tout gagné et que les temps étaient accomplis le jour où l'allemand fut chassé. Elle n'a vu qu'une des faces du problème. L'Italie n'est ni guelfe ni gibeline. Le guelfisme n'a jamais été qu'un moyen et non un but. Le gibelinisme fut un drapeau et non un idéal. Au lieu d'être purement italienne, la monarchie s'est constituée le champion d'un parti. La besogne était urgente ; à la faveur de cette nécessité elle s'est installée dans sa conquête, comme firent autrefois les seigneurs. L'Italie commence à s'apercevoir que la monarchie la dupa. Elle sera longue, sans doute, à reconnaître tout à fait son erreur. Mille liens de prospérité matérielle, de gratitude et de vanité la retiennent. Ils céderont sous la pression de la conscience générale, atavique, républicaine.

Que fera, le moment venu, la maison de Savoie ? Tout porte à croire que, née d'une évolution analogue à celle des condottieri et des seigneurs, elle imitera la conduite de

ceux-ci. Elle sera toujours ou guelfe ou gibeline. Le règne d'Humbert et celui du jeune Victor-Emmanuel le prouvent surabondamment.

A peine la patrie était-elle délivrée de l'allemand que la dynastie, sous peine d'être
balayée par la liberté, courut demander appui
à l'empereur germanique. Le changement de la
tête qui la portait empêcha le peuple de voir que
c'était toujours la même couronne étrangère.
Mais les Italiens perspicaces et qui savent leur
histoire, ne s'y trompèrent pas. Humbert I[or]
devait fatalement remettre l'Italie sous la botte
allemande, ainsi que les seigneurs, après s'être
installés aux dépens de l'Empire, se hâtaient
de se réconcilier avec celui-ci. L'attentat de
Bresci, qui tua Humbert, montre clairement
que les aspirations libertaires sont toujours
vivaces. Le crime de Bresci est exécrable.
L'horreur qu'il nous cause ne peut nous
empêcher d'en rechercher la signification
politique et sociale. Afin de conserver leur
propre suprématie, les Savoie, sous Humbert, ont foulé aux pieds, fatalement, par
la nécessité où les mettait leur croissance
à rebours des aspirations italiennes, les prin-

cipes mêmes auxquels ils devaient leur fortune. La maison de Savoie, après avoir délivré l'Italie du joug allemand, a dû la rejeter
sous la verge germanique. La Triple-Alliance,
c'est un nouveau vasselage de la terre des
consuls. C'est la république romaine remise
sous la main de l'Empereur. Portant sur
ses épaules le poids de cette alliance, l'Italie
revécut les mauvais jours des Frédéric et des
Charles-Quint. Le poignard de Bresci synthé-
tisa la protestation de l'Italie, abominablement,
d'un élan que l'on ne saurait trop réprouver,
mais d'un élan dont le sens s'impose irrésis-
tiblement à nous. Le poignard de Bresci est
un poignard guelfe.

Le jeune roi d'aujourd'hui ne paraît pas
comprendre mieux que ne fit son père l'âme
de ce qu'il nomme son peuple. Lui aussi se
trouve entraîné par la fatalité monarchique,
seigneuriale. Non point qu'il n'ait pas saisi en
partie ce que voulait dire Bresci-le-Guelfe. Il
ne l'a saisi qu'à son point de vue dynastique.
Et le voici, aujourd'hui, qui se fait guelfe et
court se jeter dans les bras de l'Église. Comme
le compère d'Humbert, Guillaume, il demande

aux prêtres, au parti catholique, de consolider son trône. L'Église, école de résignation et de servitude, apporte aux monarchies sa force de dépression et de soumission. Contre le socialisme, elle est, dans toute l'Europe, la sauvegarde de tous les possédants. Victor-Emmanuel le sait et, de gibelin, il devient guelfe pour assurer sa couronne contre le réveil du peuple désabusé. Le jeu — et c'est son péril — lui semble logique et naturel. Toute l'Italie le joua pendant des siècles ; continuer la partie n'est-ce point rester dans la tradition nationale ? Pour qui a étudié l'histoire, il n'est pas douteux que le mouvement clérical que Victor-Emmanuel est en train d'indiquer, se continuera et s'accentuera. Ainsi que toutes les cités, autrefois, la monarchie savoisienne fera la bascule entre les deux pôles, guelfisme et gibelinisme. Il est non moins certain qu'elle culbutera.

Elle culbutera parce que la volonté de l'Italie n'est pas d'être guelfe ou gibeline, sous des seigneurs, mais d'être indépendante et libre. Indépendante, c'est-à-dire délivrée de l'étranger : si les Napoléons n'ont pas rencontré toute la gratitude qu'ils attendaient, c'est parce qu'ils étaient l'étranger, celui que l'on appela tant de fois pour se délivrer, mais dont on ne veut pas rester le sujet ; l'Italie du xixe siècle avait peur de l'empire français. Libre, c'est-à-dire jouissant de ses franchises municipales, provinciales au plus, sans aucun lien entre les communes qu'un lien fédératif. Le Nord se lasse de travailler pour nourrir le Midi. Gênes méprise Venise du haut de sa grandeur retrouvée. Florence ne cesse de se contempler, avec un sourire méprisant, dans les chefs-d'œuvre dont elle a noyé la Rome antique. L'unité a pu exister entre toutes les villes au moment où on rejeta les deux jougs. Cela fait, l'Italie veut continuer sa route et conquérir ses autonomies municipales, ses franchises particulières. Tant qu'on n'aura pas signé un nouveau traité de Constance, elle n'arrêtera pas sa course.

La fédération et non pas l'unité, voilà l'avenir. Mais cette fédération ne peut-elle exister, avec Rome comme présidente, ainsi qu'aux temps dont Tite-Live nous a laissé l'immortel témoignage, ne peut-elle exister sous la direction de la maison de Savoie ? Ce

serait l'idéal de Dante réalisé, une monarchie
civile fédérale. Ce ne serait point l'idéal de
Pétrarque et c'est à Pétrarque que je donne
raison. Les Savoie sont trop imbus de l'idée
monarchique, leur souci dynastique est trop
fort, leurs origines germaniques sont trop
puissantes, leur développement particulariste
est trop continu, pour qu'ils puissent jamais
percevoir la nécessité devant laquelle ils se
trouveront. Et si un jour l'Église perdait toute
puissance sur les âmes et les esprits, on les
verrait demander un appui à quelque autre
monarchie européenne, on les verrait appeler
l'étranger comme ils appelèrent Napoléon **III**
contre l'Autriche. Ils ne seront jamais purement italiens.

Le dernier terme de l'Italie sera la fédération républicaine. Ce sera le retour aux âges
d'autrefois, aux âges des petites républiques,
sous le prestige nominal de la Rome antique.
Et il ne faudrait point, encore, que Rome se
montrât trop orgueilleuse.

« La fédération, dit Ferrari, suppose vidée
d'avance toute question de supériorité et de
préséance, elle suppose le pouvoir central

supprimé, la capitale anéantie, les peuples nivelés et sur le pied d'égalité, elle suppose résolues toutes les questions territoriales, toutes les jalousies nationales abolies. »

Voilà le vœu de Pétrarque : les communes maîtresses absolues de leurs destinées, avec Rome, municipale elle aussi, qui synthétiserait aux yeux du monde leur liberté. Rome pourrait être le siège d'un parlement commun, qui résoudrait les intérêts généraux, la résidence d'un podestat général — le podestat du *Décaméron* et non Eccelino — chargé de représenter ces intérêts auprès des autres nations, la Rome des Tarquins et des Gracques, mais jamais celle des Césars.

Le jour où l'Italie atteindra enfin cet idéal que je l'ai vue poursuivre depuis la chute de l'Empire jusqu'à Charles-Quint, alors cette tombe d'Arqua, où je m'incline aujourd'hui, s'ouvrira et la grande âme de Pétrarque, encore oppressée, s'envolera dans l'allégresse.

TABLE DES MATIÈRES

BIBLIOTHÈQUE VARIÉE, FORMAT IN-16

A 3 FR. 50 LE VOLUME

HISTOIRE ET DOCUMENTS HISTORIQUES

BOUCHÉ-LECLERCQ, membre de l'Institut : *Leçons d'histoire grecque*..................... 1 vol.

CORBIN (Colonel Ch.) : *Notes et Souvenirs d'un officier d'État-Major* (1831-1904)........ 1 vol.

DAUDET (E.) : *Histoire des conspirations royalistes du Midi sous la Révolution* (1790-93)....... 1 vol.
Le roman d'un Conventionnel. Hérault de Séchelles......... 1 vol.
La Terreur Blanche....... 1 vol.
La Révolution de 1830 et le procès des ministres de Charles X. 1 vol.
Récits des Temps révolutionnaires.................. 1 vol.
L'Exil et la mort du général Moreau.................... 1 vol.

DURUY (V.) : *Introduction générale à l'histoire de France.* 1 vol.

FUSTEL DE COULANGES, de l'Institut : *La Cité antique.*. 1 vol.

GAILLY DE TAURINES : *Aventuriers et femmes de qualité.* 1 vol.
Philippe de Champagne et sœur Catherine de Sainte-Suzanne à Port-Royal............... 1 vol.

GAUTHIEZ (P.) : *L'Italie du XVIe siècle. L'Arétin* (1492-1551). 1 vol.

GUIZOT (E.) : *Le duc de Broglie*.................. 1 vol.
Lettres de M. Guizot à sa famille et à ses amis.......... 1 vol.
Les années de retraite de M. Guizot (Lettres à Mme Lenormand). 1 vol.

LAMARTINE : *Histoire des Girondins*.................. 6 vol.

LANGLOIS (Ch.-V.) et **SEIGNOBOS** (Ch.) : *Introduction aux études historiques*........... 1 vol.

LAVELEYE (E. de) : *La Prusse et l'Autriche depuis Sadowa.* 2 vol.

LAVISSE (E.), de l'Académie française : *Études sur l'histoire de Prusse.*................ 1 vol.
Essais sur l'Allemagne impériale.................... 1 vol.

LUCHAIRE (A.), de l'Institut : *Innocent III. Rome et l'Italie..* 1 vol.
Innocent III. La Croisade des Albigeois.................... 1 vol.
Innocent III. La Papauté et l'Empire.................... 1 vol.
Innocent III. La question d'Orient............... 1 vol.
Innocent III. Les royautés vassales du Saint-Siège. .... 1 vol.
Innocent III, le Concile de Latran. (Collect. couronnée par l'Institut) 1 v.

MASSON (P. M.) *Madame de Tencin* (1682-1749)............. 1 vol.
Fénelon et Madame Guyon, documents nouveaux et inédits 1 vol.

MONOD (B.) : *Le moine Guibert et son temps*............. 1 vol.

MOUY (Ch. de) : *Discours sur l'histoire de France*........... 1 vol.

PICOT (G.), de l'Institut : *Histoire des États généraux*........ 5 vol.

PRÉVOST-PARADOL : *Essai sur l'histoire universelle*........ 2 vol.

QUINET (Ed.) : *Œuvres complètes*............... 30 vol.

ROUSSET (G.) : *Histoire de la guerre de Crimée*........ 1 vol.

SAINT-SIMON : *Mémoires complets et authentiques*........ 22 vol.
Scènes et portraits. Extraits des Mémoires.............. 2 vol.

TAINE (H.), de l'Académie française : *Les origines de la France contemporaine* .... 12 vol.
Un séjour en France de 1792 à 1795 : Lettres d'un témoin de la Révolution française. 1 vol.

THOMAS (E.) : *Rome et l'empire aux deux premiers siècles de notre ère* .... 1 vol.

TIERSOT (J.) : *Les fêtes et les chants de la Révolution française* .... 1 vol.

VILLEHARDOUIN : *Histoire de la conquête de Constantinople.* 1 vol.

VIVIEN (Commandant) *Souvenirs de ma vie militaire* (1792-1822). 1 vol.